KB159306

우리가 사랑하는 쓰고도 단 술, 소주

소소 001

초판 1쇄 인쇄 2021년 9월 28일
초판 1쇄 발행 2021년 10월 5일

지은이　남원상
펴낸이　이영선
책임편집　차소영

편집　이일규 김선정 김문정 김종훈 이민재 김영아 김연수 이현정 차소영
디자인　김회량 이보아
독자본부　김일신 정혜영 김민수 박정래 손미경 김동욱

펴낸곳 서해문집 | 출판등록 1989년 3월 16일(제406-2005-000047호)
주소 경기도 파주시 광인사길 217(파주출판도시)
전화 (031)955-7470 | 팩스 (031)955-7469
홈페이지 www.booksea.co.kr | 이메일 shmj21@hanmail.net

• KOMCA 승인필

우리가
사랑하는

쓰고도
단
술

소주

남원상 지음

서해문집

쓰고 역하다. 내게 소주란 그런 술이었다. 이 책을 시작하면서 쓰기에는 적절치 않은 말이겠지만, 시원한 맥주나 향긋한 와인과 달리 소주와는 영 친해질 수가 없었다. 내 돈 주고 소주를 사 마신 게 몇 번이나 될까 싶다. 그렇다고 소주가 낯선 술이냐 하면 그건 또 아니다. 지금은 건강 문제로 술을 잘 마시지 않지만, 살면서 내 간을 가장 혹사시킨 술을 꼽자면 단연 소주일 것이다. 그동안 목구멍 너머로 털어넣은 소주병을 늘어놓으면 지구 한 바퀴까지는 아니더라도 한강 한 바퀴는 돌 수 있지 않을까? 학교 다니고 회사 생활을 하면서 그토록 많은 소주병을 비웠건만, (혹시 그렇게 많이 마셨기 때문일까?) 내게 소주는 남의 돈으로나 마시는 술이었다. 그것도 억지로.

소주와의 첫 만남은 1997년 1월로 거슬러 올라가야 한다. 몸서리치게 추운 겨울날이었다. 그날은 나를 비롯한 97학번 신입생들이 대학 선배들을 처음 마주하는 대면식 행사가 있었다. 선배 두세 명에 새내기 예닐곱 명이 조를 이뤄 온종일 캠퍼스 투어를 하다 날이 저물자 신촌 명물거리의 한 호프집으로 향했다. 거기서 돈가스를 시켜놓고 생맥주를 마시며 1차 겸 저녁식사 자리를 가졌다. 맥주는 이미 마셔본 적이 있어서 그런지 만만했다. 화기애애한 분위기 속에서 선배들이 채워주는 잔을 술술 넘기면서도 별로 취기가 돌지 않았다. 문제는 2차였다. 통째로 빌린 고깃집에 학과 사람들이 전부 모여 술판을 벌였는데, 테이블 위에 놓인 술이라고는 오로지 소주밖에 없었다. 신입생들 앞앞이 놓인 맥주잔에는 맥주 대신 소주가 한 가득 채워졌다.

일종의 미션이었다. 신입생 모두가 파도타기를 하듯 한 사람 한 사람씩 순서대로 제 앞에 놓인 소주를 비워야 했다. 상냥했던 선배들은 소주병을 앞에 두자 다른 사람이 되기라도 한 것처럼 표정과 말투가 돌변했다. 그들은 맹수처럼 사나운 눈빛으로 후배가 미션을 완수했는지 지켜보며 연달아 소리쳤다. "원샷! 원샷!"

……미션에 실패하면 등신 취급을 받을 게 뻔했다. 내 동기가 될 이들(무사히 입학한다면 말이지만) 역시 같은 분위기를 감지했는지 맥주잔 가득 담긴 소주를 들이켜며 얼굴을 있는 대로 찌푸리면서도 잔을 내려놓지 않았고, 선배들의 환호성 속에 내 차례가 돌아왔다. 땀이 밴 손으로 맥주잔을 들어 입에 가져다 대는데, 바로 그 순간 알 수 있었다. 내가 이 친구랑 친해질 일은 (아마도 영영) 없으리라는 것을.

한 모금 넘기자마자 식도에 불이라도 지른 듯 따가운 통증이 느껴졌고, 입안과 콧속은 화학약품 같은 역한 냄새로 가득했다. 맥주는 몇 잔을 들이켜야 알딸딸하다 싶었는데 소주는 겨우 한 잔(맥주잔이기는 했지만)에 고개를 들지 못할 정도로 어지러웠다. 하지만 이런 것들은 괜찮았다. 괜찮지 않았던 건 맛이었다. 소주는 정말이지 지독히도 맛이 없었다. 달기도 단데, 쓰기도 썼다. 다크초콜릿처럼 단맛이 기분 좋게 섞인 쓴맛이 아니라, 단맛과 쓴맛이 따로 놀면서 제 정체성을 완고하게 고집하고 있었다. 하지만 지금 돌이켜보니 그렇다는 것이지, 처음 마실 땐 단맛을 느끼지도 못했을 것이다. 난생처음 맡아본 강렬한 냄새에 미각이 반쯤 마비되어 있었을 테니까.

그런데 이게 끝이 아니었다. 취했거나 얼이 빠져 앉아 있는 신입생들 사이로 냉면 사발 몇 개가 등장했다. 물론 빈 그릇이었다. 불길한 예감은 빗나가지 않았다. 과대표 선배가 사발마다 소주를 콸콸 붓더니 테이블로 돌렸다. 사발이 테이블에서 테이블로 넘어가는 동안 넘칠 듯 위태롭게 찰랑이는 소주가 나를 점점 더 불안하게 만들었다. 바로 그때였다.

"동기들을 사랑하는 만큼 마시는 거다!"

저 무시무시한 사발 소주를 신입생들끼리 돌려가며 마시되, 마지막에는 한 방울도 남김없이 몽땅 비워야 한다는 설명이 이어졌다. 만약 내가 조금이라도 덜 마시면 다른 동기가 그만큼 더 마셔야 하는 거였다. 이 괴상망측한 짓을 '사발식'이라고 했다. 이미 제정신이 아니었지만 꽤 많은 양의 소주를 억지로 욱여넣었다. 첫날부터 선배들에게든 동기들에게든 찍히고 싶진 않았으니까.

사발식이 지나간 자리에는 그야말로 아수라장이 벌어졌다. 술독이 올라 시뻘게진 얼굴로 흥하게 널브러지는 정도는 약과였다. 토하고, 통곡하고, 소리 지르고……. 그런데도 내 앞에 놓인 맥주잔은 야속할 만큼 착실하게 채워지고 또 채워졌다(물론 소주였다). 취중인데도 이걸 더 마셨다가는 죽을지도 모른다는 두려움이 엄습했다. 나는 끝없는 잔 돌리기를 피해보고자 테이블 위에 엎어져 가만히 숨죽이고 있었다. 제발 이 혼돈의 술자리가 끝날 때까지 아무도 날 찾지 않기를 바라면서. 하지만 평화는 오래가지 못했다. 철썩! 얼얼한 뒤통수를 부여잡고 고개를 드니, 내 머리통을 후려갈긴 선배가 나를 노려보며 맥주잔(역시 소주였다)을 들이밀었다. 호프집에서는 친한 동네 형처럼 다정했던 선배가……

"어디서 X구라질이야! 마셔, 이 새끼야!"

험악한 욕설과 함께 소주를 떠밀었다. 별 수 있나? 주는 대로 또 넘기는 수밖에. 결국은 속이 견뎌내지 못해 화장실에서 마신 술을 모조리 토했다. 꾸역꾸역 삼키느라 고생했던 것이 무색하게, 더 이상 나올 것이 없을 때까지 위를 쥐어짜내다시피 토했다. 목구멍은 거의 피를 토한 것처럼 쓰라렸고, 입안에는 토사물이 남아 있는 것만 같아 불쾌하고 찝찝했다. 소주를 처음 입에 댄 순간 예견했듯이 나는 소주를 좋아할 수가 없었다. 싫었다. 싫다 못해 증오하기까지 했다. 술자리에서 다른 사람들에게 소주를 먹이지 못해 안달난 사람들을 보면 사디스트가 아닌가 하는 생각부터 들 정도였다. 말하자면 내 머릿속에서 소주는 유쾌하게 즐기는 술이 아니라 식도를 할퀴든 위벽을 허물든 고통을 가하면서 마시는 사디즘의 술이었다. 하지만 그런 생각과는 상관없이 꽤 오랫동안 마시기는 했다. 물론 억지로.

그래서 다음 책은 뭘 써볼까 궁리하던 중에 편집자에게서 "소주 어때요?"라는 제안을 받았을 때, 앞에서는 생각해보겠다고 말했지만 실은 심드렁했다. 더 이상 억지로 마시지 않아도 되어서 좋은 술을 대체 책으로까지 쓸 이유가 있을까? 책을 쓰려면 자료도 조사하고 취재도 해야 하고 소주도 브랜드별로 다 마셔봐야 하는 거 아닌가? 세상에 소주 좋아하는 사람이 얼마나 많은데 굳이 소주를 좋아하지도 않는 사람이 소주에 관한 책을 쓸 필요가 있을까? 편집자에게는 미안한 일이지만 처음엔 이런 생각뿐이었다. 그렇다. 나는 소주를 사랑해서 이 책을 쓴 게 아니고, 이 책을 쓰면서 (끝끝내) 소주를 사랑하게 되지도 않았다. 하지만 곰곰이 생각해보니 소주에 대해 꼭 나쁜 기억만 있는 건 아니었다.

나는 술장수 아들이었다. 돌아가신 나의 아버지는 지방에서 주류도매상을 운영하셨다. 주류업체에서 대량 매입한 술을 지역 편의점, 마트, 술집, 유흥업소 등에 대는 작은 회사였다. 인구가 적은 지역이어서 매출 규모가 그리 큰 편은 아니었지만, 세 식구가 중산층 생활을 누릴 정도는 됐다. 대화가 거의 없는 부자지간이기는 했어도 아버지는 가끔 밥상머리에서 일 얘기를 하시곤 했다. 그중 가장 기억에 남는 것이 흔히 IMF라 부르는, 1997년 외환위기 때 들은 내용이었다. 나라가 망해 모두가 힘든 시기였다. 직장인들은 줄줄이 회사 밖으로 내몰렸고, 소비가 급격히 위축되어 자영업자들도 문을 닫는 경우가 속출했다. 그런 가운데서도 아버지의 술장사는 비교적 선방한 편이었다.

"위스키는 아예 주문이 끊겼고, 맥주도 안 팔려. 그런데 소주는 오히려 더 나간단 말이야."

정확한 유통 구조는 알 수 없었지만, 아버지가 설명하기로는 마진율이 압도적으로 높은 것이 양주, 그다음이 맥주였다. 소주는 남는 게 많지 않다고 했다. 그러니 외환위기에 타격을 입을 수밖에 없었다. 장사란 마진율 높은 상품이 잘 팔려야 이익이 많이 남게 마련이니까. 그래도 소주 판매가 늘어 다행히 운영에 큰 지장은 없다면서 아버지는 이렇게 말씀하셨다.

"다들 먹고살기 힘드니까 비싼 양주나 맥주 마실 여유는 없고, 값싼 소주로 대신하는 거지. 그리고 원래 괴로우면 소주처럼 독한 술이 더 땡기거든. 룸살롱이나 호프집에서는 주문이

확 떨어졌는데, 요즘 동네 슈퍼들이 소주를 많이 가져간다니까. 술집 가는 대신에 집에서 소주 사 마시는 사람들이 늘어난 거지. 아무튼 소주 없었으면 큰일 날 뻔했어."

뒤에서 더 자세히 이야기하겠지만, 실제로 당시 심각한 내수 부진에 시달리던 다른 상품들과 달리 소주만큼은 때 아닌 특수를 누렸다. 소주 덕택에 아버지의 회사도, 우리 가족도 그 어려운 시기를 무사히 넘길 수 있었던 셈이다. 하지만 소주가 불경기에만 잘 팔렸던 건 아니다. 경기가 괜찮을 때에도 아버지의 도매상에서 소주는 늘 맥주에 뒤이어 매출 2위를 차지하는 상품이었다. 말하자면 내게 안락한 잠자리와 음식을 마련해준 건 상당 부분 소주를 팔아 번 돈이었던 것이다. 첫 직장에 들어가 제 밥벌이를 하기까지 스물일곱 해 동안 나를 키운 건 3할 정도가 소주라고 말할 수 있겠다. 이쯤 되니 소주에게 미안해진다. 쓰고 역한 술이라며 깎아내리기 바빴는데, 정작 날 먹여 살린 게 소주라니. 그래서 마음먹었다. 이번 기회에 책을 쓰면서 소주에 대해 제대로 알아보자고.

말이야 이렇게 했지만 개인적인 보은을 하겠다고 책을 쓸 마음을 먹은 건 아니다. 소주는 한국인의 일상에서 떼려야 뗄 수 없는 술이다. 미디어에서 흔히 서민 술로 재현되는 데서 보듯이, 특히 대중의 삶에 깊숙이 들어와 있다. 외환위기 당시에 많은 이들이 실직이나 폐업의 괴로움을 소주로 달랬듯이, 실연을 당했든, 실직을 했든, 시험에 떨어졌든, 괴로운 일이 있을 때 소주를 마시는 것은 우리에게 너무나도 익숙한 장면 중 하나다. 오죽하면 미국 작가가 한국을 배경으로 한 소설 제목을 《소주 클럽》이라 붙였을까. 물론 소주가 문제를 해결해주지는 못하지만 맨 정신으로 버티기 힘든 상황에서 잠시 벗어날 수 있게 해준 건 분명하다. 요컨대 소주는 한국인의 희로애락, 그중에서도 '로'와 '애'를 함께하는 술이다.

그런데 이게 미스터리다. 정작 주류 출고량을 놓고 보면 맥주가 소주보다 두 배 가까이 많다. SNS에 검색해도 비슷한 결과가 나온다. SNS를 활발하게 이용하는 연령대가 20~30대라는 사실을 감안해야겠지만, 사람들은 소주보다 맥주를 더 자주, 더 많이 마시는 것이다. 그런데도 사람들은 왜 술 하면 소주부터 떠올리는 걸까? 물론 술을 마시자는 말이 꼭 소주를 마시자는 뜻은 아니지만, 일상적인 언어 사용에서 술은 자주 소주를 가리키곤 한다. 이를테면 "주량이 어떻게 되세요?"라는 물음에 "한두 병"이라는 답변이 돌아올 때, 우리는 생략된 단어가 소주이지 맥주가 아님을 안다(주량이 맥주 한두 병일 때 우리는 보통 이렇게 말한다. "술 잘 못해요"). 처음 만난 사이에 "맥주 한 잔할까요?"는 커피 한잔만큼이나 가볍게 던질 수 있는 제안이지만, "소주 한잔할까요?"는 좀 난감하다. 사실 주당들은 맥주를 술로 쳐주지도 않는다. 예수가 물을 포도주로 만들었다면 이들은 맥주를 음료수요, 애피타이저로 만들어버린다. 철이한참 지난 자료이기는 하지만 2010년 한국주류연구원이 진행한 설문조사는 주당이 아닌 사람들 역시 '술은 소주지'라고 생각하고 있음을 보여준다. "술 하면 떠오르는 술은?"이라는 질문에 전체 응답자 2800명 중 65%가 '소주'라고 답했다. '맥주'는 24%였다.

요컨대 소주는 소비량과 무관하게 술의 대명사처럼 각인되어 있는 것이다. 아무래도 맥주는 알코올 도수가 낮아서일까? 아니면 외국 술이라는 인식이 커서일까? 그렇다면 막걸리는 어떨까? 분명히 한국 전통주라는 인식은 있지만, 우리가 술을 마실 때 그것이 한국 술인가 아닌가는 별로 고려할 만한 사항이 아닌 것 같다(국산 맥주에 대해 쏟아지는 불평들만 본다면 오히려 한국 술을 피한다고 말해야 할 것이다). 도수로 따지자면 일반적으로 맥주는 소주의 절반에도 못 미치는 4~5도다. '자몽에이슬'이나 '순하리유자' 같은 소주, 즉 과일 향을 첨가해 단맛을 내고 도수를 낮춘 소주조차 13도 남짓이다. 도수가 워낙 낮아 술이라기보다는 음료수에 가까운 취급을 받는 '이슬톡톡'이 3도. 그렇다면 '술 하면 떠오르는 술'에 맥주가 아닌 소주를 답한 것도 놀랄 일은 아니지만, 여기서 질문이 생긴다. 도수가 높아야, 쓴맛이 나야 술다운 술인 걸까? 어째서 소주의 쓴맛은 곧 인생의 쓴맛이고, 독한 냄새에 인상을 찌푸리기라도 하면 아직 술맛을 모른다는 말을 듣는 걸까? 거꾸로 질문을 던져본다면, 어쩌다 이 쓰고 독한 술이 인생에 비유될 만한 술이 된 걸까? 솔직히 말하자면, 소주를 좋아하는 이들마저 말하기를, 소주는 맛있어서 먹는 술도 아닌데 말이다. 물론 소주가 맛있어서 먹는다는 사람도 많지만 우리가 소주를 마시는 이유가 단지 '맛이 좋아서'만은 아닌 것 같다. 익숙해서, 어디서나 쉽게 찾을 수 있어서, 값이 싸서, 빨리 취하고 싶어서, 부장님이 좋아해서, 속 쓰린 일이 생겨서, 어려운 이야기를 꺼내야 해서, 분위기에 휩쓸려서, 맥주를 마시기에는 배가 부르고 위스키를 마시기에는 너무 비싸서, 회나 전골을 먹을 때 빼놓을 수 없는 술이어서……. 늘어놓자면 수십 가지 이유가 이어질 것이다.

지금부터 시작하려는 이야기는 바로 여기에 있다. 소주는 좋든 싫든 우리 일상을 함께하는 술이 됐다. 우리는 편의점에서나 술집에서나 흔히 볼 수 있는 초록색 병을 집어 들면서 왜 소주병은 하나같이 초록색인지 의문을 갖는 일이 거의 없다. 하지만 이 책을 집어 들어 여기까지 읽은 사람이라면 분명 소주라는 소재에 호기심을 갖고 있으리라고 생각한다. 왜 소주 도수는 17~20도인 걸까? 소주에 맥주를 섞어 마시기 시작한 건 언제부터이며, 어째서 소주병은 화염병으로 쓰였던 걸까? 무엇보다 소주는 어쩌다 서민의 술, 인생의 쓴맛과 비통함과 애환이 담긴 술이 된 걸까? 말하자면 이 책은 소주가 한국의 대표 술로 자리 잡기까지 어떤 과정을 거쳐왔는지에 대한 추적 리포트다.

책을 시작하기에 앞서, 험난한 시기에 책이 무사히 나올 수 있도록 도움을 주신 여러 은인들께 감사한 마음을 전한다. 서해문집 편집진에게, 사랑하는 아내와 어머니에게도 진심으로 감사드린다.

차례

✦ 프롤로그 • 4

술에 물 탄 듯, 물에 술 탄 듯

몇 년 전 지인들과의 술자리에서 있었던 일이다. 그 날 모임을 주최한 이가 "귀한 술을 준비해 왔다"며 가방에서 술병 하나를 꺼냈다. 고판화를 연상시키는 토끼 그림이 그려져 있는 예쁘고 세련된 병 디자인에 놀랐고, 그 병에 담긴 술이 소주라는 사실에 다시 놀랐다. 놀랄 일은 더 남아 있었는데, 'Tokki Soju'라고 적혀 있는 그 술이 뉴욕 브루클린에서, 미국인이, 그것도 전통 방식대로 만든 소주라는 사실이었다. 등장하자마자 화제가 된 소주의 주인이 마개를 열면서 한마디 덧붙였다. "이거 그냥 소주가 아니라 증류식 소주야."

소주라곤 받아 마실 줄만 알았던 나는 냉큼 무식한 질문을 던졌다. "소주면 다 그냥 소주지, 증류식 소주는 또 뭐예요?"

　가만있었다면 중간이라도 갔을 텐데, 몇몇 애주가들로부터 한심하다는 눈빛이 날아들었다. 다들 유쾌한 분위기 속에서 토끼소주를 맛보는 동안 나는 증류식 소주에 관한 참교육을 받아야 했다. 지금 돌이켜보면 좀 억울하다. 증류식 소주가 뭔지 아는 사람이 몇이나 될 것이며, 그런 걸 몰라도 토끼소주를 맛보는 데에는 아무 문제 없었는데 말이다.

　어쨌든 이날 우리가 마신 토끼소주는 무려 40도였다. 입에 대는 순간 무지막지한 알코올 향이 훅 끼치는가 싶더니 곧 도수만큼이나 쓴맛이 느껴졌다. 하지만 희석식 소주를 마실 때와 달리 끝에 구수하고 달콤한 풍미가 따라왔다. 몇 년 전만 해도 미국에서 사 와야 맛볼 수 있었던 이 토끼소주는 이제 국내에서도 유통되고 있다. 그것도 전통주로. 이에 전통주 지정 기준이 애매하다는 논란까지 일기는 했지만 토끼소주가 '조선 시대 전통 방식에 따라 만들었다'는 점을 내세우고 있는 것은 사실이다. 그렇다, 조선 시대. 익숙한 녹색 소주병만 보면 그렇게 오래되지 않은 술처럼 보이지만, 소주의 역사는 생각보다 멀리 거슬러 올라가야 한다.

　우리는 참이슬, 처음처럼, 진로이즈백, 한라산, 좋은데이,

대선 등 여러 종류의 소주를 알고 또 소주가 대강 어떤 맛과 냄새를 가진 술인지, 도수가 어느 정도인 술인지 안다. 하지만 소주가 처음부터 이런 모습이었던 건 아니다. 사실 일제강점기 이전까지만 해도 소주는 주로 상류층이 마시는 고급술이었다. 이 전통 소주가 바로 토끼소주를 비롯해 일품진로, 화요, 문배주 등과 같은 증류식 소주였다. 그 시절의 소주는 지금 우리가 흔히 마시는 희석식 소주와는 재료도, 제조 방식도 달랐기에 사실상 소주라는 이름만 공유할 뿐 전혀 다른 술이었다고 해도 무방하지만.

소주가 술의 대명사라면, 소주를 대표하는 술은 단연 참이슬과 처음처럼이다. 소주를 마시는 한국인 열 명 중 다섯 명은 참이슬을, 두 명은 처음처럼을 마신다고 한다. 대중적으로 널리 소비되는 이 두 소주는 희석식 소주로 분류된다. 이 둘만이 아니라 위에 열거한 진로이즈백, 한라산, 좋은데이, 대선 등도 마찬가지로 희석식 소주다. 그러니까 그냥 '소주'라고 하면 떠오르는 초록색 병에 담긴 소주, 편의점이나 삼겹살집에서 늘 상 보는 소주가 희석식 소주인 셈이다. 희석은 잘 알다시피 용액에 물을 섞어 농도를 묽게 만드는 걸 뜻한다. (뒤에서 좀 더 자세히 설명하겠지만) 희석식 소주는 곡류, 고구마, 타피오카 등 전분질 원료를 발효시킨 뒤 증류를 거쳐 에탄올만 추출한 것, 즉 주정酒精에 물을 섞어(희석해) 만든 소주다. 물론 주정에 물만 섞은 것이 맛이 있을 리 없으니 각종 감미료, 향료 등을 더한 다. 그렇다면 증류식 소주는 이 희석식 소주와 무엇이 다를까? 여기에 답하기 위해서는 먼저 소주라는 명칭이 어디서 유래했 는지 살펴야 한다.

모든 이름에는 이유가 있다. 가령 막걸리는 쌀 입자를 완전 히 걸러내지 않고 막 걸러 만든 술이어서 붙여진 이름이다. 제 조 방식을 내포한 명칭이다. 막걸리의 또 다른 이름인 탁주는 흐릴 탁濁 자를 쓴다. 막걸리의 불투명한 빛깔을 묘사한 것이 다. 한편 맥주는 술을 빚는 재료, 즉 보리 맥麥 자를 붙인 이름 이다. 그렇다면 소주는? 소주는 '불사를 소燒'와 '술 주酒'를 합 친 것으로, 그대로 해석하면 '불사르는 술'이 된다. 이를 두고 '불붙는 술'이라고 해석하는 이들도 있다. 도수가 높아 불을 붙 이면 활활 탄다는 것이다(증류식 소주는 희석식 소주보다 도수가 훨 씬 높다). 혹은 옛날에 불에 구운 떡을 소병燒餠이라 불렀던 것 과 마찬가지로 '끓여 만든 술'이라 해석할 수도 있다. 이는 제 조 방식을 반영한 풀이가 될 것이다. 어쩌면 식도가 불타는 것 같은 술이라 그렇게 이름 붙여졌는지도 모르겠다. 어느 쪽이

든 간에 소주라는 이름에는 증류주의 특징이 고스란히 담겨 있다.

쉽게 말하면 증류주는 술을 끓여 만든 술이다. 당연히 어떤 술을 끓이느냐에 따라 나오는 술이 달라지는데, 이 말은 곧 어떤 증류주든 간에 재료로 삼을 술(양조주)이 필요하다는 뜻이다. 양조주는 간단하다. 곡물, 과일 등을 발효시켜 찌꺼기를 걸러낸 술로, 막걸리, 맥주, 와인 등이 대표적인 양조주다. 이들 술을 보면 알 수 있듯이 양조주는 발효 과정에서 생겨난 알코올 성분과 원재료에서 우러난 맛과 향이 섞여 독특한 풍미를 갖는다. 다른 성분들이 많다 보니 상대적으로 알코올 함량이 적어 도수가 낮으며, 원재료에서 비롯된 색이 진한 편이다. 맥주가 누르스름한 빛깔을 띠듯이(흑맥주는 까맣게 태운 맥아로 만든다), 레드와인이 검붉은 빛깔을 띠듯이 말이다. 증류주는 바로 이런 양조주를 끓일 때 생겨난 증기를 모아 만든 술이다.

라면이나 찌개를 끓이다 냄비 뚜껑을 열면 뚜껑 안쪽에 맺힌 작은 물방울들이 흘러내리는 모습을 본 적이 있을 것이다. 증류주도 같은 원리로 만들어진다. 양조주에 열을 가하면 끓는점이 낮은 알코올(물은 100℃에서, 알코올은 78℃에서 끓는다)이 먼저 끓는데, 이 차이를 활용해 알코올 함량이 높은 증기만 모아 만든 것이 증류주다. 당연히 도수가 높은 독주가 된다. 증류 과정에서 다른 성분이 배제되기 때문에 양조주에 비해 빛깔이 투명해지고 맛은 깔끔해지며 원재료의 향이 은은하게 남는 것이 특징이다. 증류주는 양조주에 비하면 한층 정교한 기술을 필요로 할 뿐만 아니라 증류 과정에서 양이 줄어든다. 막걸리 열 병을 빚을 재료로 겨우 소주 한 병을 빚었다고 할 정도다. 때문에 증류주는 대체로 귀한 술이다. 우리가 흔히 양주라 부르는 술―위스키에서부터 브랜디, 진, 럼, 보드카, 데킬라 등이 전부 이 증류주에 속한다. 물론 같은 증류주라도 재료나 제조 방식, 숙성 기간, 희석 농도 등에 따라 질과 가격이 천차만별이다.

증류식 소주는 앞서 말한 대로 멀리 거슬러 올라가는 역사를 지닌 반면 희석식 소주는 역사가 짧다. 희석식 소주가 본격적으로 생산되기 시작한 것은 1960년대인데, 지금 우리가 소주의 양대 산맥으로 꼽는 참이슬과 처음처럼은 한참 뒤인 1990년대 말과 2000년대 중반에야 나왔다. 먼저 나온 것은 참이슬이다. 1998년에 '참眞이슬露(참진이슬로)'라는 이름으로 출시됐지만 한자가 섞여 있어서인지, 길어서인지, 아니면 입에 착 붙는 이름이 아니어서인지 흔히 참이슬로 줄여 부르곤

소주를 내리는 데 쓰는 재래식 증류기인 소줏고리.
불을 지핀 아궁이에 양조주가 담긴 가마솥을 올리고,
그 위에 다시 이 8자 모양 항아리를 올린다.
항아리 윗부분에는 알코올 증기를 식힐 냉각수가 담겨 있다.
ⓒ국립민속박물관

のを使用するものもあるが普通は陶器製のものであつて銅古里は銅製のものであつた。

古里には燒酒の甕口を其ふるものが普通であるが北鮮地方には最も原始的な甕口のないものがあつた即ち燒酒は古里の中に受器を置き漏く溜つた度の薄い燒酒しかとれないものもあつたのである。之をヌンヂと稱し咸北の蒸餾器は枌どことれであつた。

（二）　各地に於ける燒酒製造狀況

イ.京城に於ける燒酒明治三十九年十二月財政顧問付調査

京城に於ては五月頃より九十月頃迄に飲用し其の大部分は城外孔德里附近及麻浦東幕附近に於て製造せらる。

其の製法は三月頃二石三四斗容の大甕に水五荷八斗位を込み入れ置き之に米九斗を蒸して投入し更に麴子五十個を粗く割つて投入し後毎日一二回づゝ攪拌しながら三週間位にて熟成するに至れば蓋を爲し土を以て蝕り密閉して五月頃より漸次需要に應じて蒸餾する。右一甕より酒精三十七八度の燒酒を四升入燒酒瓶十八個を

一五九

소줏고리를 이용해 소주를 내리는 방법으로,
1935년 조선주조협회가 발간한《조선주조사朝鮮酒造史》에
실린 그림이다.

했다. 라벨에는 계속 '참眞이슬露'로 표기되다가 2006년 '참 이슬 후레쉬'가 출시될 때에야 '참이슬'로도 표기되기 시작했다. 2006년은 처음처럼이 출시된 해이기도 하다. 참이슬이 처음 출시된 지 8년이 지난 뒤이니 한참 늦은 셈이다. 희석식 소주라는 특성상 맛이나 향이 흡사한 이 두 소주는 그것 말고도 몇 가지 공통점이 있다. 둘 다 단기간에 판매량이 폭발적으로 증가해 소주 시장의 대표 브랜드로 자리 잡았고, 각 회사가 곤경에 처했을 때 사운을 걸고 선보인 야심작이었으며, 무엇보다도 도수가 낮은 소주, 즉 저도低度 소주의 유행을 이끌었다.

지금은 '참이슬 오리지널'이 20.1도로 간신히 20도 이상을 유지하고 있지만, 처음 출시될 때만 해도 참이슬은 23도, 처음처럼은 19.8도였다. 이마저도 당시 소주 시장에서는 퍽 낮은 도수였다. 애주가들에게는 불운하게도(나 같은 사람들에게는 다행스럽게도) 소주 도수는 세월이 흐르면서 점점 낮아졌다. 일제강점기엔 30~40도에 달했는데, 전통 증류식 소주 중에는 이보다 더 독한 것도 있었다. 지금도 그렇지만 당시 애주가들은 도수가 높을수록 좋은 소주라 여겼다. 여기에는 소주 소비량이 압도적으로 높은 북방에서 즐겨 마시던 지나支那소주(진秦의 발음이 와전된 것으로, 고대 그리스·페르시아·인도 등에서 중국을 일

컫던 말에서 비롯됐다)가 무려 50~60도에 이른다는 점도 한몫했다. 광복 이후엔 30도 소주가 표준으로 통했다. 1949년 소주 도수가 30도를 넘을 경우 1도마다 180리터당 세금 370원씩 가산하는 주세법이 통과된 것이 계기였다. 가산세를 피하기 위해 소주회사들은 세금을 피할 수 있는 최대치인 30도에 맞추려 했다. 판매가가 더 저렴한 25도 소주도 있었지만(당시 소주의 최소 알코올 함유량 기준은 20도였다), 적어도 30도는 돼야 제대로 된 소주로 통했기 때문이다. 도수가 낮으면 '물 탄 소주'라며 싸구려 취급을 받았고, 소주회사들은 병 라벨에 '30도' 표기를 눈에 잘 띄게 박아두곤 했다.

이 '30도' 기준이 무너진 건 1973년이다. 업계 1위였던 진로가 기존 30도 소주 생산을 중단하고 25도 소주만 판매하기 시작했다. 주정 원료 수입이 억제됨에 따라 알코올 함량을 낮출 수밖에 없다는 이유에서였다. 동시에 소주 가격도 인하했는데, 도수를 낮춰서인지 아니면 가격을 낮춰서인지 어쨌든 부담이 덜어진 것만은 분명해서 판매량이 50%나 뛰었다고 한다. 이에 다른 회사들도 속속 25도 소주 생산에 나섰고, 30도 소주는 사라졌다. 1982년, 진로가 옛 소주 맛을 되살린다며 30도짜리 '진로 드라이'를 선보였지만 오래가지 못했다. 대중의 소주 취향이 이미 순한 맛에 길들여져 반응이 시원치 않았던 것이다.

저도 소주 경쟁이 본격화된 건 1991년 희석식 소주의 도수 제한이 20~30도에서 35도 이하로 완화되면서부터다(1995년에는 아예 35도 이하라는 기준도 폐지되어서 제조사들이 도수를 자유롭게 정할 수 있게 됐다). 다시 말해서 알코올 함유율 35% 이하만 충족한다면 5도든 10도든 15도든 '소주'라고 명명할 수 있었다는 뜻이다. 이 조치에 따라 1992년 보해가 15도 소주인 '보해 라이트'를 내놓는다(보해는 '보해 복분자주', '복받은 부라더', '잎새주' 등의 제조사다). 이는 국내 소주 가운데서 가장 낮은 도수였다. 라벨에는 이런 문구가 들어갔다.

"소주도 이렇게까지 순해질 수 있습니다."

이 파격적일 만큼 낮은 도수에 보해 라이트는 출시 직후 꽤 많은 주목을 받았고, 다른 회사들도 15도 소주를 내놓았다. 하지만 갑자기 너무 순해진 탓이었을까? 사람들은 15도 소주에 적응하지 못했다. 이후 20도, 21도, 23도 등 도수를 조금씩 낮춘 소주가 출시됐지만 대세는 꾸준히 25도 소주였다.

'소주는 25도'라는 공식을 깬 건 1996년 부산 대선주조에서 내놓은 23도짜리 소주 '시원(C1)'이다. 시원은 13개월 만에 1억

1998년에 출시된 참진이슬로 라벨. "대나무숯에 물을 여과시키면 부드럽고 맛있는 물로 변합니다. 대나무숯에 여과시킨 새로운 소주 참眞이슬露-깔끔하고 맛있는 상쾌한 소주입니다"라고 쓰여 있다.

병이 넘게 팔리는 등 선풍적인 인기를 끌었다. 이에 1999년 진로는 대표 상품을 25도 소주인 진로소주(진로 골드 및 레귤러)에서 23도인 참이슬로 바꾼다(사실 진로는 참이슬 출시 7개월 전에도 똑같이 23도인 '순한 진로'를 내놓았지만 큰 호응을 얻지 못했다). 이렇게 세상에 나온 참이슬은 6개월 만에 1억 병 판매를 돌파하는 등 시원이 세웠던 기록을 가볍게 갈아치웠을 뿐만 아니라 출시된 지 채 2년이 지나지 않아 시장점유율 50%를 달성했다. 자연스럽게 소주 도수의 표준은 25도에서 23도로 낮아졌고, 이후 참이슬이 23도에서 22도로, 21도로 계속 낮아짐에 따라 다른 소주들도 함께 순해졌다.

한편 처음처럼은 현재 롯데칠성에서 생산하는 소주지만,

원래 출시한 곳은 두산이었다. 2006년 처음처럼을 내놓기 전에 두산의 주력 상품은 '그린소주'였다. 두산이 진로를 제치고 소주 판매량 1위를 차지하는 데 기여한 소주였다(그린소주는 오래전에 단종됐지만, 소주 역사에 많은 이야깃거리를 남긴 술인 만큼 뒤에서 더 자세히 이야기하자). 그런데 이 그린소주마저 참이슬에 밀려 판매가 부진하자 두산은 2001년 신제품 '산(山)'을 내놓는다. 도수는 22도. 대나무 숯에 여과해 깨끗한 술이라는 이미지를 내세운 참이슬에 맞서 산은 "녹차와 소주의 산뜻한 만남"으로 승부수를 띄웠다. 말하자면 녹차 소주였다. 산은 출시 100일 만에 3000만 병이 팔리는 등 출발이 좋았지만 신제품 효과였던 걸까, 초반 기세를 계속 이어가지는 못했다. 판매량이 급감하자 두산은 산 생산을 중단하고 2006년 1월 마침내 '처음처럼'을 내놓는다. 도수는 20도. 산에서 2도 낮아졌다. 잘 알려져 있다시피 처음처럼은 신영복의 시 〈처음처럼〉에서 따온 이름으로(상표 또한 신영복의 서체를 사용한 것이다), 순해서 다음 날에도 산뜻하다는 저도 소주의 이미지와 잘 맞아떨어졌다.

처음처럼은 출시 직후부터 엄청난 인기를 모았다. 5개월 만에 1억 병 판매를 돌파해 참이슬의 최단 기간 최다 판매 기록을 넘어설 정도였다. 진로는 참이슬을 20.1도로 낮추지만 그럼에도 처음처럼의 질주를 막을 수 없자 2006년 8월, 소주의 심리적 하한선인 20도마저 깨고 19.8도인 참이슬 후레쉬를 내놓는다. 이후 참이슬과 처음처럼은 계단을 밟아 내려가듯이 도수가 차츰 낮아졌다. 도수가 낮아진 시기도 서로 비슷한데, 처음처럼은 19.5도(2007년), 19도(2012년), 18도, 17.5도(2014년), 17도(2018년), 16.9도(2019년)를 거쳐 2021년 들어서면서 16.5도까지 낮아졌다. 수도권에서는 이 둘을 주로 마시다 보니 소주가 16도 선까지 내려온 게 비교적 최근 일로 여겨지지만, 처음처럼이나 참이슬이나 19도 선에 머물러 있던 2006년 11월에 이미 무학, 대선(둘 다 경남 지역에 본사를 두고 있으며 무학은 '좋은데이'로, 대선은 '시원', '대선 블루' 소주로 유명하다) 등 지역 소주회사들은 16.9도 소주를 출시해 판매하고 있었다. 경남이라면 억센 사투리만큼이나 센 술을 선호할 것 같은데, 뜻밖이다.

그런데 이처럼 소주 도수가 낮아질 때마다 소주회사들은 욕을 먹곤 했다. 희석식 소주에서 저도라는 건 주정을 줄이고 수분을 높인 결과이기 때문이다. 다시 말해서 소주에 물을 많이 탈수록 저도 소주가 되는 것이다. 주정이 덜 들어가면 원가는 저렴해진다. 때문에 '순한 소주' 마케팅은 소주회사들이 이

윤을 많이 남기기 위해 조장한 상술에 불과하다는 비판이 적지 않다. 과거에는 물 탄 소주 운운하며 싸구려 취급하던 저도 소주를, 순한 술을 선호하는 트렌드에 끼워 맞춰 깔끔한 소주인 양 둔갑시켰다는 것이다. 주정 비율이 낮아지는 대신 인공 감미료 등 다른 원료의 함유량을 조절한다고 하니 무작정 비난할 수야 없겠지만, 도수는 낮아지는데 소주 값은 오르니 주당들은 못마땅하기만 하다. 물론 그렇다고 해서 그들이 소주를 안 마시는 건 아니다. 밍밍해서 술이 오르지를 않으니 오히려 더 마시게 되는 것이다.

소주병으로 만든 초원

회사 생활을 할 때 수없이 많은 회식 자리에 끌려 다니며 별의별 주사를 다 봤지만, 옛 직장 동료였던 A의 기묘한 술버릇은 지금도 기억이 난다.

A에게는 다 마시고 난 빈 소주병을 술자리 한쪽 구석에 세워놓는 버릇이 있었다. 테이블 위에 쌓이는 빈 병들을 직원들이 치우려 하면 "그냥 두시라"며 손사래를 치면서 만류하곤, 정성스럽게 한 병 한 병 구석으로 옮겨 차곡차곡 늘어놓는 것이다. 처음엔 가게에서 술값을 속일까 봐 저러나 싶었다. 술자리 막바지에 이르면 다들 만취해서 뭘 얼마나 먹고 마셨는지 일일이 기억하기도 어렵고, 빈 병까지 치워버리면 계산서가 슬쩍 부풀려져도 알 도리가 없으니, 나중에 영수증과 비교하기 위해 일부러 치우지 않는 줄 알았

다. 그런데 그게 아니었다. 똑같은 술병인데 빈 맥주병은 치우든 말든 신경도 안 쓰는 것이다. 유독 소주병에만 집착했다. 궁금해서 이유를 물었더니, 대답이 걸작이었다.

"싱그럽잖아. 바닥에 초록색 병이 쫙 깔린 게, 꼭 초원 위에 앉아서 술 마시는 것 같지 않아?"

……수북이 쌓인 소주병에서 다음 날 닥칠 지독한 숙취가 아닌 초원을 떠올리다니. 소문난 주당다웠다. (아니, 소주병 더미에서 초원을 떠올리는 사람이어야 주당이 될 수 있는 건가?) 하기야 기분이 붕붕 뜨고 사물은 실루엣만 눈에 들어오는 만취 상태가 되면 소주병 물결이 초원처럼 보일 수도 있겠다. 나는 주당이 될 싹수라고는 없었는지 늘 숙취만을 떠올렸지만. 어쨌든 A의 녹색 소주병 페티시는 그가 나와 비슷한 시기에 소주를 마시기 시작했기에 생길 수 있었던 술버릇이다. 소주병이 풀빛으로 물든 게 1990년대 후반 이후이기 때문이다.

원래 소주병에는 갈색, 청색, 무색 등 다양한 색의 병이 쓰였다. 국세청이 탈세를 방지한다며 가정용 갈색 병과 업소용 청색 병, 이렇게 두 종류로 규격화한 것이 1982년이다. 유흥업소에서 팔리는 소주에는 특별소비세를 추가로 매겼는데, 병 색깔을 달리해 탈세를 막겠다는 발상이었다. 하지만 술집들이 가정용 갈색 병 소주를 몰래 반입해 파는 일이 횡행하고 단속도 거의 이뤄지지 않으면서 유명무실한 제도가 되어버렸다. 업계에서는 소주병을 두 종류로 생산할 때 들어가는 비용 부담이며 복잡한 공병 회수 및 재활용 과정을 이유로 크게 반발했다. 결국 1984년, 소주병은 다시 푸르스름한 투명 유리병으로 단일화된다. 색은 통일하되, 라벨에 가정용/업소용을 구분해 표시하도록 한 것이다. 그런데 1993년 경월이 이 틀을 깨고 초록색 소주병을 처음 선보인다.

경월은 1926년 강릉합동주조로 시작해 '경월'이라는 소주를 내놓던 회사로, 1993년 두산에 인수된다.[*] 당시 두산은 OB 맥주를 내놓고 있었는데, 이즈음 소주 업계 1위인 진로가 '카스'를 선보이며 맥주 시장에 진출했다. 두산이 경월을 인수해 소주 시장에 발을 들인 건 이를 견제하기 위해서였다. 지금이야 중공업 분야 사업으로 유명하지만 90년대 초까지만 해도 소비재 사업으로 유명했던 두산은 OB맥주의 성공을 이끈 마케팅 실력을 소주 사업에서도 발휘한다. 당시 한국 유통업계

[*]   강릉합동주조라는 이름은 세월이 흐름에 따라 여러 차례 변경됐는데, 1973년에 경월주조로, 1991년에 경월로, 두산에 인수된 후에는 두산경월로 바뀐다.

에서는 친환경이 화두로 떠오르며 '그린 마케팅'이 한창이었다. 무공해, 자연, 청정(여담이지만 '청정원'이라는 브랜드가 탄생한 것도 이 시기다) 등의 키워드와 함께 녹색을 전면에 내세운 상품 디자인이 유행했다. 이러한 흐름에 주목한 두산경월은 1994년 기존의 그린소주 패키지 디자인을 대대적으로 재단장해 '경월 그린'을 내놓는다. 이와 함께 대표 상품을 아예 경월소주에서 그린소주로 바꾸고 공격적인 마케팅에 나선다. 초록색 소주병 이미지에 맞춰 광고에서도 대관령 청정수로 만든 깨끗하고 부드러운 소주임을 강조했는데, 이게 먹혔다. 진로가 장악하고 있던 수도권 시장에서 그린소주 판매가 폭발적으로 늘어난 것이다.

한편으로 두산경월이 초록색 소주병에 꽂힌 배경에 관해서는 이런 주장도 있다. 1991년 '낙동강 페놀 방류 사건'으로 크게 훼손된 브랜드 이미지를 그린 마케팅으로 희석해보려 했다는 것이다. 낙동강 페놀 방류 사건은 두산전자가 페놀이 함유된 폐수 325톤을 무단 방류한 사실이 밝혀지면서 엄청난 공분을 일으킨 일이다. 이로 인해 기업 이미지는 말할 것도 없고 OB맥주 매출이 곤두박질쳤다. 이전까지 70% 가까운 높은 시장점유율을 기록했던 OB맥주는 점차 시장점유율이 떨어지

왼쪽부터 경월, 그린, 산, 처음처럼.
경월소주는 푸르스름한 병에 담겼던 반면,
그린소주부터는 초록색 병에 담겼다.

다가 1993년 크라운맥주가 출시한 '하이트'에 1위 자리를 빼앗기기까지 한다(이후 크라운맥주는 하이트맥주로 사명을 변경했다가 진로를 인수 합병함에 따라 다시 하이트진로로 변경한다). 이렇듯 폐수 방류 때문에 맥주 시장에서는 악화일로를 걷고 있었던 반면, 아이러니하게도 깨끗한 물로 만든 소주임을 강조한 그린소주는 대박을 터뜨렸다. 출시 7개월 만에 1억 병이 팔렸다. 120억 원이라는 거액을 들여 광고를 쏟아 부은 게 큰 역할을 했다.

    이에 다른 소주회사들 역시 앞다투어 녹색 소주병을 사용하기 시작했다. 금복주의 참소주, 보해의 시티소주, 보배의 그린20, 선양의 선양그린 등 녹색 병에 담긴 소주가 속속 등장했다. 다들 "순하고 부드러운" "깨끗하고 순수한" 같은 문구를 라벨에 넣어 녹색의 맑고 깨끗한 이미지와 결부시켰다. 이렇듯 녹색 병 소주가 유행하는 와중에도 진로는 자존심 때문인지 푸르스름한 유리병을 고수했다. 그러나 진로소주의 시장점유율이 계속 낮아지자 1996년 신제품 '참나무통 맑은소주'는 녹색 병에 담았다. 채도가 높은 다른 초록색 소주병과 달리 이 소주는 채도가 낮은 암녹색 병을 써 중후한 느낌을 주는데, 그도 그럴 것이 참나무통에서 숙성시킨 증류식 소주를 섞어 '프리미엄 소주'를 표방한 제품이었다(이 제품은 이후 단종됐다가 2017년 '참나무통 맑은이슬'로 원료도, 이름도 조금씩 바뀐 채 생산되고 있다). 나아가 1998년에 출시되어 지금까지 한국 소주 시장을 제패하고 있는 참이슬 역시 녹색 병을 채택함에 따라 소주병의 대표 색깔이 바뀌게 됐다. 병 색깔로 재미를 본 소주회사들은 파란색, 검은색 등 다양한 색의 소주병을 선보였지만 이제까지 살아남은 건 녹색 병뿐이었다(진로이즈백이 출시되기 전까지는 말이다).

그런데 녹색 소주병을 둘러싼 업계 속사정은 순한 맛과는 거리가 멀었다. 심지어 두산과 진로는 소송까지 벌인 적이 있다. 1999년, 두산은 진로가 그린소주 공병을 수집해 참이슬 생산에 무단 재활용했다며 제소했다. 두 회사의 소주병 모두 녹색에 크기까지 같아 불거진 문제였지만, 병 색깔을 둘러싼 문제는 2020년에 다른 방식으로 펼쳐졌다. 하이트진로가 2019년 선보인 '진로이즈백' 때문이다. 옛 진로소주 병과 라벨 디자인을 재해석해 만들어진 진로이즈백은 출시 7개월 만에 1억병이 팔리는 등 그야말로 엄청난 인기를 끌었다. 문제는 이 소주가 기존의 녹색 병이 아닌 투명한 하늘색 병에 담긴 데서 비롯됐다. 소주병 표준이 녹색 병으로 굳어지자 2009년 주요 소주회사들 간에 '소주 공병 공용화 자발적 협약'이 체결됐는데, 이는 재활용 비용 및 편의성을 고려해 도매상이 소주 공병을 한꺼번에 수거한 뒤 각 제조사에 구분 없이 돌려주자는 것이었다. 이 협약에 따라 제조사들은 자사 소주든 타사 소주든 같은 규격의 녹색 병을 재활용해 소주를 판매하게 됐다(요컨대 당신이 지금 마실까 말까 고민하며 노려보고 있는 참이슬 병은 이전에 처음처럼이 담겨 판매됐었는지도 모른다). 이런 상황에서 진로이즈백

병이 하늘색으로 혼자 튀게 되니 공동 재활용에 차질이 빚어진 것이다.

업계 사정이야 어떻든 간에 소주 애호가들은 흡사 파블로프의 개처럼(그러니까, 술 마시고 되는 개가 아니라……) 녹색 병만 보면 소주 한잔을 떠올리게 됐다. A처럼 차곡차곡 쌓은 소주병을 보며 초원을 떠올릴 정도까지는 아니더라도 말이다. 그런데 만약 소주병이 녹색이 아닌 하늘색 병으로 굳어졌다면 A는 무어라고 대답했을까? 초원이 아닌 바다 위에서 술을 마시는 기분이지 않느냐고 했을까?

던지지 말고 마십시다

코로나 사태로 여행길이 막히면서 요즘 TV에서는 예전 여행 프로그램들이 연거푸 재방송되고 있다. tvN의 〈꽃보다 할배〉도 참 뻔질나게 나오는 프로그램 중하나다. 원로 배우들과 후배 배우가 한 팀을 구성해해외여행을 다니는 프로그램으로, 2013년 첫 방영이래 엄청난 인기를 모아 시리즈로까지 만들어졌다. 할배들이 다녀간 나라는 어김없이 인기 여행지로 부상하며 한국인 관광객 수가 급증했을 정도다. 어쨌든이 프로그램을 새삼 언급하는 건 시즌2 첫 회에 재밌는 에피소드가 있어서다.

인천국제공항 면세점에 들어간 백일섭이 무언가를 찾는다. 값비싼 양주들이 즐비한 가운데서 그가찾는 것은 다름 아닌 팩 소주. 신구가 열흘간 마실 소주를 겨우 다섯 병밖에 챙겨 오지 않아서다. 주당인 건 말할 것도 없고, 스페인에도 와인이든 맥주든 보드카든 술이 굴러다닐 텐데 굳이 팩 소주를 바리바리 싸 갈 생각을 하다니 못 말리는 소주 애주가다. 하지만 시련이 닥칠지니, 팩 소주를 집어든 백일섭에게 면세점 직원은 프랑스에서 환승하면 액체류 반입 금지 규정 때문에 소주를 압수당할 수도 있다고 설명해준다. 결국 백일섭은 시무룩하게 팩 소주를 내려놓고 면세점을 나온다. 아쉬운 마음에 흡연실에서 담배를 피우고 일행들을 찾아 나서는데, 면세점 직원이 지나가는 그를 다급히 부른다. 마침 촬영 당일에 현지 규정이 바뀌어서 소주를 사 갈 수 있게 됐다는 것이다. 대번에 싱글벙글 웃는 낯이 된 백일섭은 팩 소주 열 개를 사서 가방에 쓸어 담는다. 그런데 시련은 끝난 게 아니다. 프랑스 공항에서 환승할 때 팩 소주를 수상하게 여긴 검색대 직원이 "이게 뭐냐"고 캐묻는 돌발 상황이 일어난다. 백일섭이 "술"이라고 답하지만, 직원은 의심의 눈초리를 거두지 않는다. 그도 그럴 것이 프랑스에서(만이 아니라 일반적으로) 술은 유리병이나 캔에 담기지 않던가. 급기야 직원은 밀봉 포장을 뜯어보기까지 한다. 재검색을 벌이는 등 우여곡절 끝에 통과된 팩 소주를 백일섭은 보물처럼 소중히 들고 스페인에

도착한다.

값비싼 술을 면세가로 살 수 있는데 어쩌자고 팩 소주를! 아까워서 가슴을 땅땅 치는 애주가들이 있겠지만 사실 여행할 때 팩 소주만큼 좋은 술이 없다. 종이와 폴리에틸렌 등으로 만든 팩은 작고, 가볍고, 얇고, 내구성이 좋기까지 하다. 소주는 한평생 마셔온 술이니 맛을 따질 필요도 없다. 이에 반해 유리병은 깨질 염려가 있어 신경이 이만저만 쓰이는 게 아니다. 더욱이 유리병 자체만으로도 무게가 꽤 나가는 편인데 완충재로 감싸거나 케이스에 넣으면 부피까지 방대해진다. 팩 소주는 이 모든 고민을 한번에 해결해준다. 이렇게 신통방통한 팩 소주가 처음 나온 건 1989년. 진로가 선보였다. 당시 인쇄 광고에는 이런 문구가 적혀 있었다.

간편하게, 즐겁게 진로 팩 소주 탄생!

현대는 레저시대. 65년간 소비자의 사랑을 받아온 진로소주가 소비자의 편익을 위하여 개발한, 가볍고 간편한 진로 팩 소주. 이제부터 새로운 소주 문화가 시작됩니다. 자연환경 보존을 겸한 진로 팩 소주로 레저시대를 만끽하십시오.

1989년 10월 10일《경향신문》에
큼지막하게 실린 진로 팩 소주 광고.

　재밌는 건 이 광고에 야구장과 낚시터 사진이 나란히 실렸
다는 점이다. 요컨대 야구장과 낚시터가 당시 한국인의 여가
활동을 대표하는 장소로 보고, 바로 그런 여가를 즐길 때 간편
하게 휴대할 수 있다는 점을 어필하면서 나온 상품이 팩 소주
였다.

　광고에서 보듯 1980년대는 바야흐로 '레저시대'였다. 경제
성장으로 중산층이 확대되면서 낚시, 등산, 수영, 볼링 등 각종

레저 활동을 즐기는 인구가 늘었다. 행락 시즌이면 산이며 바다며 경치 좋은 곳은 인산인해를 이뤘다. 이런 레저 활동에서 빠질 수 없는 게 바로 술이었다. 관광지에서는 한철 장사라며 음식 값이든 술값이든 턱없이 비싸게 마련인데, 휴대가 편리한 팩 소주를 가져가면 여비를 크게 줄일 수 있었다. 이는 낚시터에서도 마찬가지였다. 팩 소주 광고에 낚시터 사진이 들어간 데에는 그런 배경이 있었다.

하필 야구장 사진이 들어간 데에도 이유가 있다. 한국에서 프로 야구가 출범한 1982년 이래, 야구 경기 관람은 여가에서 큰 비중을 차지하게 된다. 야구장에 갈 때 소주를 편하게 휴대하라는 뉘앙스를 풍긴 광고는 사실 부적절한 것이었다. 야구장에서는 원칙적으로 주류 반입이 금지였기 때문이다. 하지만 수많은 야구 팬들이 소주며 맥주며 술을 몰래 들여와 관중석에서 술판을 벌이는 바람에 일일이 단속하지 못하는 게 현실이었다. 이런 상황에서 소주병은 큰 골칫거리였다. 관중석에서 취객들이 제 생각대로 풀리지 않는 경기에 불만을 품곤 소주병을 던지기 일쑤였기 때문이다. 선수들이나 다른 관중들이 소주병에 맞아 부상을 입는 일이 줄을 이었다. 이는 진로가 팩 소주 개발에 나선 이유 중 하나이기도 했다. 1987년 5월 22일

《조선일보》에 실린 기사¹에 따르면 진로는 소주 용기를 유리병에서 종이팩으로 바꾸는 것을 추진할 때 프로 야구 등 경기장에서의 유리병 투척 사고를 막는 효과도 고려했다고 한다. 하지만 1987년 당시에는 이 계획이 엎어졌다. 유리병과 달리 종이팩은 회수하기가 어려워 가격 인상 요인이 된다는 이유에서였다. 그러다 업계 내에서 신제품 개발 경쟁이 치열해지자 결국 스웨덴에서 수입한 종이팩으로 팩 소주를 개발해 시장에 내놓았다고.

어쨌든 이렇게 만들어진 팩 소주는 나오자마자 편의성과 화제성에 힘입어 10개월 만에 판매량이 500% 이상 늘어나며 1990년 한국능률협회의 '10대 히트 상품'에 포함되는 등 꽤나 잘 팔렸다. 이에 다른 소주회사들 역시 포장 용기 경쟁에 뛰어들었다. 1990년 금복주는 팩 소주를, 보배는 페트병 소주를 내놓았다. 가볍고 깨지지 않는 페트병 소주는 팩 소주처럼 휴대가 간편했을 뿐만 아니라 용량이 작은 팩 소주와 달리 1.8리터나 담을 수 있었다. 1999년에는 진로에서도 3.6리터짜리 대용량 페트병 소주를 내놓았는데, 소주 열 병이 한 통에 담긴 셈이라 대학 MT나 직장 야유회 등 사람 수도 많고 쌓이는 술병도 많은 자리에서 활용도가 높았다.

나만 해도 페트병 소주를 보면 대학 시절 MT에서 겪었던 징글징글한 일부터 떠오를 정도이니. '마시고(M) 토한다(T)'의 약자라는 우스갯소리가 있을 정도로, MT는 폭음을 각오하고 떠나야 하는(아니, 각오 없이도 폭음할 수밖에 없는) 여행이다. 어딘가에 가서 술을 마시는 게 아니라 술을 마시기 위해 어딘가로 가는 것이기는 했어도 여행은 여행이었다. 신촌오거리에 있는 그랜드마트(지금은 폐점하고 이마트가 들어섰다)에서 장을 볼 때까지만 해도 다들 들떠서 신나 있었으니까. 페트병 소주를 어마어마하게 사들일 때까지도 그랬다. 페트병 소주를 택한 건 유리병이 원체 무거워서 운반하기 힘든 데다 깨지기도 쉬워서였다. 물론 가장 편한 방법은 MT 장소에서 술을 주문하는 것이었지만, 그건 가장 비싼 방법이기도 했다. 주머니 가벼운 학생들이었던 우리는 술값을 조금이라도 아껴보겠답시고 그랜드마트에서 산 술이며(맥주보다 소주가 더 많았던 것도 소주가 더 싸게 먹혀서였다) 고기, 채소, 과자 등 이틀간 먹을 것들이 든 묵직한 봉투 수십 개를 신촌역까지 날랐다. 그걸 들고 택시를 탄 것도 아니었다. 걸어서 날랐다. 한 손에 하나씩, 즉 일인당 두 꾸러미를 든 채로. 그랜드마트에서 신촌역까지는 버스를 타기에는 좀처럼 애매한 거리였지만 걸어서 가기에 썩 가까운 거리도 아니어서 한창 팔팔한 20대 청춘들에게도 그건 보통 일이 아니었다(솔직히 말하면 좀 미친 짓이었다). 적당히 섞어 담긴 했지만 과자가 많이 든 봉투를 든 사람은 행운아였다. 고기나 채소까지도 괜찮았다. 가장 무거운 건 소주였다. 팔에 힘줄이 터져라 낑낑대면서 소주를 나른 뒤엔 한동안 손이 마비된 듯 감각이 없었다. 나를 땐 대체 이 많은 술을 누가 다 마실 것인지, 너무 많이 산 게 아닌지, 너무 많이 사서 이 개고생을 하고 있는 게 아닌가 생각했지만 막상 술판이 벌어지면 알코올이 들어간 모든 액체는 늘 부족했다. 그 많던 페트병 소주가 금세 동이 나 꼭 누군가는 나가서 술을 더 사 와야 했다. 그러고는 MT 취지에 충실하게 밤새 마시고 토했다.

사람이 살아가면서 가장 많은 술을 마시는 시기는 언제일까?

대면식이 있던 날, 하루 동안 그렇게 많은 술을 마신 건 처음이었지만 결코 마지막이 되지는 않았다. 그날이 살면서 가장 많은 술을 마신 날이 되지도 않았고, 가장 심한 숙취에 시달린 날이 되지도 않았다. 나중에 회사 생활을 하며 마시게 될 술에 비하면, 대학에서 마신 술은 접시 물 수준이었다. 다음 날 찾아오는 숙취 역시 잔잔한 수면이요, 평온한 날씨였다(물론 그땐 몰랐지만). 대면식 같은 날이 아니고서야 동기들 사이에서는 누가 술을 가장 잘 마시는지를 놓고 벌어지는 은근한 경쟁은 있어도 억지로 술을 들이붓는 일은 없었으니까. 오늘만 사는 사람인 것처럼 술을 마시기에는 늘 주머니가 가볍기도 했고. 때문에 '폭탄주'를 들어보기만 했지 실제로 만들거나 마셔본 건 취직하고 나서였다.

지금이야 회식 문화가 많이 바뀐 데다 코로나가 장기화되면서 회식 자체를 하기 힘들어졌지만, 회식 하면 폭탄주를 떠올리던 시절이 있었다. 마시기 전부터 마시는 순간, 마신 뒤까지 시각적으로나 청각적으로나 워낙 요란하게 마시는 술이다 보니 한 번 경험하면 잊기 어려운 광경이기는 하다. 회식에서 폭탄주 제조권이 주어졌을 때 내가 만들던 건 비교적 평이한 '회오리주'였다. 잘 알려져 있듯이 만드는 방법은 어렵지 않다.

3분의 2쯤 채운 맥주잔에 양주잔을 퐁당 빠뜨린다(이때 양주잔이 맥주잔 속으로 떨어지면서 맥주가 튀는 모양새가 폭탄 투하를 연상케 하여 폭탄주라 이름 붙여졌다고 한다). 그런 다음 술이 새지 않게 냅킨으로 맥주잔을 감싸듯 덮어, 손목 스냅을 이용해 힘차게 한 바퀴 돌린다. 이렇게 돌릴 때 맥주잔 안에 든 양주가 잔 바깥쪽으로 퍼져나가면서 생기는 흰 기포가 회오리 모양을 연상케 해 회오리주라 하는 모양이다. 중요한 건 그다음이다. 폭탄주가 완성된 뒤 냅킨을 떼어내 천장이나 벽에 있는 힘껏 던진다. 술에 젖은 상태라 찰싹 잘 달라붙는데(젖어 있다 보니 천장까지 날리기가 쉽지 않기는 하지만), 이것이 그날 폭탄주를 몇 잔이나 마셨는지 알려주는 지표가 된다. 물론 술자리가 길어질수록 소주를 몇 병이나 마셨는지 일일이 헤아릴 수 있을 만큼 제정신인 사람이 별로 없듯이, 젖은 냅킨은 천장이 아닌 바닥에 아무렇게나 들러붙곤 했다.

내가 본 것 중 가장 충격적이었던 폭탄주는 '충성주'였다. 이름부터 충격적인데 만드는 방식은 더했다. 맥주잔을 일렬로 늘어놓은 다음, 그 사이사이에 양주잔을 올려놓곤 "충성!"을 외치며 테이블에 이마를 박는다. 이마가 내리치는 충격에 테이블이 흔들리면 양주잔이 맥주잔 속으로 쏙 빠지면서 만들어지는 폭탄주였다. 자학을 마다않고 고개를 박는 모습 때문에 충성주라는 이름이 붙은 모양이다. 회식 때 누군가 이 폭탄주를 만들기라도 하면 상사들이 진심 어린 환호를 보내는 걸 볼 수 있었다. 그런데 어느 날엔가 두꺼운 대리석 테이블이 놓인 술집에서 회식을 한 적이 있다. 사회생활 만렙인 전 직장 동료 B는 이 충성주를 곧잘 만들곤 했는데, 이날도 어김없이 테이블 위로 이마를 내리쳤다. 하지만 대리석이 워낙 견고해 술잔은 미동조차 없었다. 당황한 B는 쿵 소리가 나도록 다시 한 번 이마를 내리쳤지만 역시 아무런 변화가 없자 "제 충성이 부족했습니다"라며 연거푸 박치기를 했다. 삽시간에 싸해진 분위기 속에서 일행들이 달려들어 B를 뜯어말렸고, 그날 B는 폭탄주 제조권을 박탈당한 채 벌겋게 부어오른 이마를 얼음찜질해야 했다. 하지만 나는 봤다, 그런 B를 흐뭇하게 바라보는 상사의 얼굴을…….

그런데 어쩌다 맥주에 양주를 섞어 마시게 된 걸까? 폭탄주가 어디서 어떻게 비롯됐는지는 정확히 알려져 있지 않다. 양주는 1970년대 들어서야 수입 개방이 이루어졌다. 이전까지는 호텔이나 미군기지 주변에서나 접할 수 있는, 마시고 싶어도 쉽게 찾아 마실 수 없는 술이었다. 물론 정식 수입이 이루어졌다고 해도 세금이 어마어마하게 붙었기 때문에 곧바로 대중화되지는 않았지만. 양주는 1980년대 경제 성장이 이루어지고 소득이 늘어난 뒤에야 차츰 일상으로 들어온다. 집 안에서는 장식장에 고급스러운 그릇들과 함께 놓였고, 집 밖, 이를테면 회사에서는 접대 테이블에 올라왔다. 고급술, 값비싼 술이라는 이미지를 간직한 채였다. 하지만 저렴한 라인이 많이 들어온 지금도 양주를 자주 접하기 힘든 건 단지 비싸다는 인식때문만은 아니다. 도수가 워낙 높아서다. 소주 몇 병쯤은 호기롭게 비우는 사람이라도 위스키 등 40~50도를 오가는 양주를 소주 마시듯 한입에 털어넣었다가는 식도가 타들어가는 고통을 맛볼 수 있다. 때문에 양주를 마실 땐 흔히 얼음이나 탄산

수를 넣어 알코올을 순화시켜 마시곤 하는데, 마찬가지로 도수가 낮은 맥주에 양주를 타면 자극이 덜해 훨씬 쉽게 들이켤 수 있었다. 여기까지만 놓고 보면 폭탄주는 덜 취하기 위해 만들어진 술처럼 보인다. 기본적으로는 센 술을 희석시켜 마시는 것이니까. 그런데 이렇게 섞어 마시면 오히려 알코올 흡수율이 높아져서(맥주에 함유된 탄산 때문이기도 하고, 섞이면서 낮아진 알코올 농도가 체내에 가장 흡수되기 좋은 농도이기 때문이다) 더 쉽게, 더 빨리 취한다. 술의 맛과 향을 음미하는 것이 아니라 꽐라가 되는 게 목적이라면 이보다 효율적인 방법이 없다.

어쨌든 이 '폭탄주'라는 말이 대중에게 알려진 것은 1986년 '국방위 회식 사건'이 계기였다. 육군참모총장 등 군 고위급 인사들과 국회 국방위원회 소속 여야 국회의원들이 서울 시내의 한 요정에서 술자리를 갖던 중 난투극을 벌인 사건이다. 친한 사람들끼리도 술을 마시다 싸움을 벌이면 다 큰 어른들이 뭐 하는 짓이냐며 혀를 차는데, 군 장성들과 국회의원들이 싸움을 벌였으니 얼마나 손가락질했겠는가. 더욱이 당시 야당이었던 신민당이 이 사건에 대한 진상 규명을 요구하며 국회 본회의 참석을 거부하기까지 하자 순식간에 엄청난 정치적 스캔들로 번졌다. 당연히 대중들은 싸늘한 반응을 보였다. 흥미로운 것은 이런 싸늘한 반응 뒤편에서 일어나는 일이다. 이들이 술자리에서 마셨던 술이 맥주에 양주를 섞은 폭탄주라는 사실이 알려지자, 폭탄주는 곧 사건 자체만큼이나 큰 유명세를 타게 된다. 연말 송년회 자리에서 '높은 분들이 마시는 술, 우리도 한번 마셔보자'며 폭탄주가 유행할 정도였다. 그런데 이 높은 분들의 폭탄주가 일반 대중들의 술자리로 넘어오면서 구성물이 조금 바뀐다. 맥주에 양주가 아닌 소주를 섞는 것으로. 양주가 차츰 대중화됐다고는 해도 쉽게 마실 수 있는 저렴한 술은 아니니 값싼 소주를 섞은 것이다.

이렇게 양주를 섞은 폭탄주는 '양맥', 소주를 섞은 폭탄주는 '소폭'이라 했는데 이 소폭은 원래 '소맥'(발음은 물론 쏘맥이었지만)으로 불렸다. 이런저런 말을 줄여 부르는 최근에야 생긴 단어인 줄 알았건만 뜻밖에도 역사가 있는 단어였던 것이다. 1970년대 유흥가에서 토종 칵테일이라며 (커피 맥스웰을 패러디해) '맥소웰'이라고 불린 적도 있긴 하지만 대세는 줄곧 소맥이었다. 1974년 김원일의 단편소설 〈잠시 눕는 풀〉에는 발음 그대로 표기한 '쏘맥'이 나온다.

종우는 끄윽 트림을 했다. 그가 맥주를 마셔보기는 난생 처음이었다. 군에 있을 때 외출을 나가 쏘맥이라 해서 동료들과 소주에 맥주를 타서 마셔본 적이 있을 따름이었다.

〈잠시 눕는 풀〉은 1970년대 경제 성장 속에 대두된 양극화와 물질만능주의의 폐단을 꼬집은 작품이다. 주인공인 시우는 가난한 집안에서 태어나 밑바닥 일자리를 전전하다 부잣집 운전수로 일하게 된다. 그러던 어느 날, 사모님인 김 여사를 모시고 가는데 그녀가 운전대를 넘기라고 종용한다. 시우는 김 여사가 꽤 취해 있기에 말리지만, 김 여사는 제 말을 듣지 않으면 해고당할 거라는 협박 끝에 운전석을 차지한다. 음주운전은 결국 끔찍한 사고를 내고야 만다. 이 집 관리인이자 김 여사의 오른팔인 이 선생은 교통사고 책임을 시우에게 뒤집어씌우고자 한다. 이 선생은 시우의 형인 종우에게 시우가 책임을 지면 거액을 사례하겠다고 제안한다. 날품팔이로 연명하는 종우는 이 선생이 두고 간 돈에, 그 돈으로 할 수 있는 일들에 넘어가 동생에게 김 여사 대신 죗값을 치를 것을 부탁한다. 결국 시우는 가족의 앞날을 위해 경찰서에서 자신이 사고를 냈다고 거짓 진술을 한 뒤 수감된다.

'쏘맥'이 나오는 부분은, 이 선생이 종우를 근사한 호텔 술집에 데려가 맥주를 사주면서 시우에게 죄를 떠넘기자고 구슬리는 장면이다. 이 자리에서 종우는 난생처음으로 맥주를 온전히 마셔본다. 그것도 두 병씩이나! 살면서 그가 입에 대본 맥주라고는 군 시절 동료 군인들과 외박할 때 소주를 섞어 만든 '쏘맥'이 고작이었다. 1970년대 빈곤층에게는 양주도 아닌 맥주조차 비싸고 귀한 술이었던 것이다. 이 선생이 두고 간 돈을 챙겨 든 종우는 이럴 것이냐, 저럴 것이냐 고민하며 동생이 입원한 병원을 향해 걷는다. 걷던 중 보인 대폿집에 들어가 오뎅 국물과 채나물에 소주 한 병을 다 비운 뒤에도 결론을 내리지 못하던 종우에게, 취기 때문인가, 아담한 식품점 하나가 머릿속에 떠오른다. 이 선생에게서 받은 돈이면 하루 벌어 하루 먹고사는 일을 끝낼 수 있을 것 같다는 생각과 함께. 결국 종우는 병원 앞 주점에 들러 소주를 더 들이붓고 나서야 담뿍 취해 동생에게 어렵사리 말을 꺼낸다. "돈이 더럽지, 돈이 원수지. 그런데 시우야, 네가 사고를 냈다고, 네가 범인이라고 자백을 해야 될 것 같아. 그래야만 우리 집안이 살 것 같애."

술에도 계급이 있다. 권력을 쥔 자들은 수백만 원짜리 오리지널 폭탄주를 마시며 거리낄 것 없이 놀고, 몇만 원이 아쉬운 '개돼지들'은 소박한 짝퉁 폭탄주 소맥에 길들여지고.

종로3가는 아직까지 포장마차 거리가 남아 있는 몇 안 되는 곳 중 하나다. 오후 서너 시면 어디선가 포장마차가 하나둘 나타나기 시작해 금세 붉은 천막이 일렬로 늘어선 포장마차 거리가 생겨난다. 플라스틱 테이블에, 등받이 없는 의자에, 화장실은커녕 손을 씻기도 힘든 포장마차는 번화가에 들어선 술집들에 비하면 허름하고 지저분하고 불편하기 짝이 없지만, 사실 우리가 포장마차에 가는 건 바로 그래서다. 비바람이 들이치지 않게 천막을 쳐놓기는 했지만 벽이 없어 노상에서 술을 마시는 듯한 기분을 만끽할 수 있다는 점이나 우동 한 그릇에 소주 한 병 놓고 앉아 있을 수 있는 소박한 분위기, 일면식도 없던 옆 사람과 말을 섞고 술잔을 부딪히게 되는 것 전부 다른 곳에서는 발견하기 힘든, 포장마차만의 매력이니까.

그렇지만 88올림픽 이후 정부가 계속해서 노점상을 철거해왔기 때문에 포장마차 거리를 찾아보기 힘들어지기도 했고, 포장마차가 서민적인 분위기를 유지하는 것과는 별개로 안주 값이 전만큼 저렴하지도 않다. 무슨 일이 일어나기만 하면 천막을 걷고 들어가 "아줌마, 여기 소주 한 병이요" 외치던 그 하고많은 드라마 속 주인공들도 이제는 포장마차 대신 편의점 야외 테이블에서 컵라면에 소주를 마실 것이다.

그런데 포장마차가 처음부터 남루한 천막 노점을 가리키는 말로 쓰인 건 아니었다. 뒤에서 다시 다루겠지만, 삼겹살구이가 소주의 단짝처럼 어울리기 시작한 건 1980년대 이후다. 50~60년대만 해도 여름철에는 개고기가, 겨울철에는 참새구이가 대표적인 소주 안주로 꼽혔다. 둘 다 지금은 찾아보기 힘든 안주다. 참새구이는 원래 납일(민간이나 조정에서 종묘 또는 사직에 제사 지내던 날)에 기를 보하기 위해 먹는 일종의 절기 음식이었는데, 언제부터인가 겨울철 술안주로 자리 잡게 된다. 특히 한국전쟁 이후 서울 명동 일대에는 짭조름한 참새구이에 소주나 막걸리를 잔 단위로 파는 노점이 부쩍 늘어났는데, 구운 참새를 판다고 하여 '군참새집'이라 불렸다. 이 군참새집에서는 참새구이뿐만 아니라 소나 돼지의 내장 꼬치구이, 토끼 고기, 우동 등도 함께 팔았다. 1960년대에 대도시를 중심으로 소주를 찾는 서민들이 늘면서 군참새집의 인기도 높아졌다. 노점이라 술과 안주가 상대적으로 저렴해 간단하게 소주 한잔 하기에 좋은 장소였던 것이다. 군참새집은 곧 명동뿐 아니라 공단이 조성된 영등포로, 지방 도시들의 중심가로, 전국 곳곳으로 퍼져나갔다. 군참새집들을 대상으로 자릿세를 뜯어내는 조직폭력배가 생겨날 정도였다.

1967년 영화 〈어느 여배우의 고백〉에서 당시 군참새집 풍경을 잠시 엿볼 수 있다. 주인공이 군참새집에서 술을 마시는 장면이다. 성인 서너 명이 겨우 서 있을 만한 비좁은 공간은 나무로 대충 뼈대를 세우고 파란 줄무늬가 나 있는 마대자루 같은 것이 둘려 있다. 어두컴컴한 밤 카바이드 등불 몇 개만 켜놓은 채 주인장이 소주를 잔에 따라 손님에게 건네는데, 소주잔이 지금보다 훨씬 크다. 가판대의 숯불인지 연탄불인지 아무튼 불 위에는 검게 그을린 석쇠가 놓여 있고, 그 앞에 선 주인장이 고기 같은 것을 집게로 이리저리 뒤집어가며 굽는 중이다. 주인공 옆에 서 있는 손님은 꼬치에 꿰인 고기를 열심히 뜯어 먹고 있다. 아마도 참새구이인 듯하다. 지금처럼 간이 테이블에 앉아서 먹는 게 아니라 서서 먹는 모습이 떡볶이나 어묵 등을 파는 길거리 노점을 연상케 한다.

어쨌든 참새구이가 소주 안주로 인기를 끌자 쑥새, 멧새, 촉새 등 비슷한 크기의 다른 야생 조류(심지어 보호 종임에도)까지 참새라 속여 파는 경우가 늘었다. 매년 군참새집에서 술안주로 팔리는 참새가 300만 마리에 달한다는 분석이 나오기도 했다. 이렇듯 남획이 심각해지자 정부는 1960년대 말 군참새집 단속에 들어간다. 1970년엔 조수보호법 시행령을 개정하면서 영업을 목적으로 한 참새 및 꿩의 사냥을 금지했다.

이에 따라 자취를 감췄던 참새구이는 그로부터 7년이 지난 1977년에 다시 나타난다. 참새 개체 수 증가로 농작물 피해가 커지자 정부가 한시적으로 참새 포획을 허용하면서였다. 당시 산림청 기획관리실장이 "참새구이집을 동원하여 겨울철 참새의 대량 포획을 검토하겠다"고 하여 부적절한 언사라는 지적을 받았다는 기사도 남아 있다. 하지만 그렇게 해서 골목길 포장마차로 돌아온 참새구이는 예전만큼의 인기는 되찾지 못했다. 이미 꼼장어구이며 해삼, 멍게 같은 값싼 대체 메뉴가 소주 안주로 자리 잡고 있었기 때문이다. 군참새집이나 참새구이집 같은 명칭도 점차 사라져 포장마차라 불리게 됐다. 그

포장마차 酒店에 참새구이 再登場

=禁獵해제 후 "흥청"… 銃砲商도 활기=

◇포장마차집에 참새구이가 등장, 애호가들의 구미를 돋구고있다.

1977년 11월 10일 《조선일보》에 실린 기사,
〈포장마차 주점에 참새구이 재등장〉
"종로4가 뒷골목에서 포장마차를 하는 이모씨(39)는
『하루 저녁 3백 마리가 모자랄 정도』라고."

런데 말이 끄는 것도 아니건만 어쩌다 포장마차라는 이름이 붙여졌을까?

본래 포장마차는 비바람이나 먼지, 햇볕 따위를 막기 위해 포장을 둘러친 마차로, 미 서부 개척시대에 주요 교통수단이었다. 1950년대 이후 〈최후의 포장마차〉 등 미 서부극이 인기를 끌자 영화에 등장한 포장마차까지 덩달아 관심을 받았다. 전국 곳곳의 유원지에서는 서부극을 따라한다며 카우보이모자를 쓴 마부들이 포장마차를 운행했다. '미제라면 양잿물도 마신다'는 유행어가 돌 정도였으니, 미국 영화에 나오는 남루한 포장마차까지 동경과 모방의 대상이 된 것이다. 물론 서부극에 등장하는 포장마차와 이동식 노점인 포장마차는 쓰임새며 모양새가 달라 정확히 어떤 연관성이 있는지 알기 어렵다. 붙박여 있는 가게가 아닌 노점이니 바퀴가 달려 있어야 했을 테고, 받아 든 자리에서 얼른 먹어치울 수 있는 음식이 아니었으니 지붕이 둘러져야 했을 테고, 그렇게 만들어진 노점의 형태가 영화 속 포장마차와 흡사해 그렇게 이름 붙여졌을지도 모르겠다.

사실 간이로 세운 노점 혹은 이동식 노점은 비단 한국만이 아니라 세계 여러 나라에 지금까지도 남아 있는 영업 방식이다. 일본에서는 야타이屋台라고 부른다. 18세기 후반 외식 문화가 발달하면서 에도(현 도쿄), 교토, 오사카 등 인구가 집중된 대도시에 생겨나기 시작해, 처음에는 주로 덴푸라(튀김)나 스시를 팔았다. 이동하면서 장사하기 편하도록 바퀴 달린 수레에 조리대, 음식 진열대, 간이 식탁이 구비된 형태였는데, 지금의 소규모 포장마차와 흡사하다. 야타이는 메이지 유신 이후 철도 및 도로 확충에 따라 도시가 발달하면서 일본 전국 각지로 확산됐다. 비슷한 시기에 어묵이나 우동, 야키토리(한 입 크기로 자른 닭고기를 꼬치에 꿰어 구운 것) 안주에 술을 파는 야타이 술집도 등장했다. 이런 노점들은 서민들이 고된 하루 일과를 마친 뒤 밤에 술 한잔하는 곳으로 큰 인기를 끌었다. 바로 이 야타이 술집 문화가 일제강점기에 한반도로 유입돼 소주에 참새구이를 안주로 먹는 군참새집이 등장한 게 아닐까 싶다. 식민지 조선에서 발행된 일본어 일간지에도 당시 야타이의 모습을 엿볼 수 있는 기사가 실려 있다.

경성에서 심야의 볼거리가 된 길거리의 야타이 가게(야식 우동집)는 요즘 날씨가 추워지면서 장사가 번창하는 와중에 축음기를 틀거나 점원까지 두고 당당하게 장사하는 곳이 등장했는데, 이런 야타이 가게는 그저 음식물 행상인으로서 인가를 얻기만 했을 뿐으로, 길거리에 머물며 장사하는 것은 교통 단속의 방침은 물론 다른 음식점 영업인의 생계에도 영향을 끼치고 있는바, 혼마치(명동) 경찰서에서는 밤 12시 이후로 일정 장소에서 영업하는 것과 밤 12시 이전에 거리를 돌아다니며 행상하는 것은 묵인해줄 방침이지만 축음기를 틀거나 점원까지 고용하는 것은 절대 용인할 수 없다고 이번에 각 야타이 노점상들에게 통고했는데, 업자 측에서는 큰 타격을 받게 된다고 억지를 쓰며 밤 10시 이후로 한곳에 머물면서 장사하도록 허가해주기를 바란다고 줄줄이 진정했으나, 혼마치 경찰서에서는 단호히 거절했다.

〈屋台店の陳情, 本町署刎ねつく〉,《조선신문朝鮮新聞》,

1936. 10. 28.

그런가 하면 1939년 3월 25일《조선시보朝鮮時報》는 부산에서 초량 일대 등 번화가를 중심으로 급증한 야타이 가게들이 비위생적인 영업 행태로 문제를 일으키자 23일 밤 부산경찰서가 기습 단속을 벌였다고 보도했다. 이 기사에 따르면 30여 곳의 야타이가 한꺼번에 몰수되는 바람에 경찰서 건물 뒤로 야타이 산이 쌓이는 진풍경이 연출됐다고. 포장마차는 예나 지금이나 주당들에게는 큰 사랑을 받지만 공권력으로부터는 환영받지 못하는 신세였던 것이다.

한편 1980년대 초에는 포장마차가 '포마살롱'이라 불리기도 했다. 포장마차에 룸살롱을 합친 단어다. 요정이라 불렸던,

기생들이 술 시중을 들어주는 술자리 문화는 70~80년대에 이르면 기생 대신 여성 종업원이 술 시중을 들어주는 룸살롱으로 자리 잡는다. 이태원, 신사동 등 서울 곳곳에 룸살롱이 들어서서 성업하는 등 산업 규모는 이전과 비교도 할 수 없을 만큼 커졌다.

이 같은 향락 문화 확대는 같은 시기 유행했던 '호스티스 영화'를 통해서도 알 수 있다. 주로 (호스티스로 대변되는) 하층계급 여성이 사랑에 빠졌다가 배신을 당하거나 예기치 못한 비극에 휘말리는 내용을 담은 영화다. 하지만 이런 호스티스 영화가 풍기는 애수 어린 분위기는 직업여성에게 덧씌워진 것일 뿐 실제는 달랐다. 당시 신문 잡지에 자주 오르내리던 룸살롱 관련 기사나 1986년에 벌어진 서진 룸살롱 집단 살인사건 (강남에 있는 룸살롱에서 벌어진 조직폭력배들 간 싸움이 집단 살인으로까지 이어진 사건이다)만 봐도 그렇다. 1989년 7월 3일 《경향신문》에는 〈룸살롱 1인 평균 비용 12만 5천원〉이라는 기사가 실렸는데, 이는 당시 도시근로자 평균 임금의 19.9%에 해당하는 거금이었다. 돈이든 권력이든 있는 자들이 룸살롱에서 양주를 마실 때, 경제적 여유가 없는 서민들에게는 일을 끝마친 뒤 포장마차에서 소주 한잔 걸치는 것이 유흥이었다. 그러면서 기분이나 내보자며 한창 화제였던 룸살롱에 포장마차를 빗대어 포장마차 살롱, 즉 포마살롱이라 부른 것이다.

어쨌든 포장마차 영업은 1982년 야간통행금지가 폐지되면서 눈에 띄게 활발해졌다. 주당들 사이에서는 1, 2차(어쩌면 N차) 술자리가 끝난 뒤 마지막에는 늦은 새벽까지 영업하는 포장마차에서 소주 한잔 걸치며 입가심을 하는 게 관습처럼 굳어졌다. 무허가 영업이기는 했지만 서민의 밥줄이라는 이미지가 강해 단속이 느슨한 편이었고, 아예 구청에서 포장마차 구역으로 지정해놓은 곳도 있었다. 여기에 영화나 드라마 속 배경으로 포장마차가 자주 등장하면서 특유의 허름한 분위기는 소탈한 낭만으로 포장된다. 번화가 뒷골목에서나 볼 수 있었던 것이 이제는 서민 술 문화의 상징이 되면서 룸살롱과는 비교할 수 없을 만큼 빠른 속도로 확산됐다. 삼양식품에서 포장마차 음식 맛을 재현했다며 '포장마차 우동'(1984년), '포장마차 육개장'(1985년)을 내놓을 정도였다.

이처럼 포장마차 붐이 일면서 1980년대 중반 이후엔 강남 아파트 단지 등 고급 주택가에도 포장마차가 들어서기 시작한다. 포장마차가 더 이상 공장 노동자나 말단 사원 같은 서민들의 술집이 아닌, 전 국민적인 술집으로 자리 잡은 것이다. 88

올림픽 직전에 외국인들에게 깔끔한 거리 풍경을 보여줘야 한다며 대대적으로 강제 철거되는 등 된서리를 맞기도 했지만, 포장마차의 인기는 좀처럼 식지 않았다. 이 와중에 본질이 왜곡된 포장마차도 생겨난다.

TV, 비디오, 고성능 오디오, 가라오케 시설 등을 갖춘 포장마차가 날로 늘어나고 있지만 그 정도는 애교로 보아도 좋을 듯. 서초동 ㄱ아파트 주변을 비롯, 영동 유흥가 및 아파트 주변에 밤마다 들어서는 포장마차의 경우 간이 칸막이로 공간을 차단하고 호스티스까지 둔 '룸살롱식 포장마차'가 등장해 선량한 주객들의 눈살을 찌푸리게 하고 있다.

지난 10일 퇴근길 동료들과 함께 성인디스코텍 밀집 지역인 서초동의 한 대형 포장마차에 들렀던 ○씨(35, 강남구 역삼동)는 "호스티스를 옆에 앉히는 것은 손님 마음이지만 룸살롱을 방불케 하는 포장마차가 의외로 많다는 데 놀랐다"며 "팁은 1만 원 정도이고, 호스티스 중에는 인근 아파트에 방을 얻어놓고 집 안으로 2차를 유혹하는 경우도 있다"고 말했다.

〈포장마차·이발소 과열 서비스 경쟁 단속과 숨바꼭질
밀실 퇴폐〉,《경향신문》, 1987. 2. 13.

이름만 모방한 게 아니라 룸살롱의 퇴폐 영업 방식까지 따라 한 진짜 '포마살롱'이 등장한 것이다. 이후 포장마차의 범위는 다양해졌다. 우리에게 친숙한 천막 노점이 여전히 존재하는 한편(지금은 상당수가 강제 철거됐지만), 2000년대 초 유명 연예인들이 강남 일대에서 실내포차 사업에 뛰어든 것을 시작으로 메뉴나 실내 분위기만 옛 포장마차처럼 꾸며놓은 이런저런 포차들이 생겨났다. 이마저도 이제는 향수 어린 분위기만을 그럴싸하게 연출해놓았을 뿐 포장마차 같은 구석은 찾아보기 힘들어졌지만 말이다.

땀과 불의 술

몇 년 전 이동갈비를 먹으러 아내와 포천에 간 적이
있다. 숨 막히는 주말 교통정체를 견디며 어렵사리
찾아간 갈빗집은 규모가 꽤 컸다. 요란하게 내걸린
간판과 현수막마다 여러 TV 프로그램에 맛집으로 소
개된 이력이 한가득이었다. 그래서 본고장 이동갈비
맛이 어땠냐 하면, 형편없었다. 가격은 비싼데 양이
터무니없이 적었다. 하지만 양이 적은 게 차라리 다
행이었다. 싸구려 냉동 수입육을 조미료에 대충 버무
려 내놓은 듯 육질도, 육향도 끔찍했다. 맛없는 음식
을, 그것도 비싼 값에 먹고 나면 속이 무척 쓰리다. 하
지만 그렇게 형편없는 음식으로도 배는 채워져서 기
분 전환이나 할 겸 포천의 대표적 관광지인 산정호수
로 향했다. 결과는 또 실망. 비가 온 뒤라 물빛은 누리

끼리했고, 무더운 날씨에 산모기들까지 설치니 괜히 왔다 싶었다. 하지만 이대로 돌아가기는 억울하다며 포천에서 가볼 만한 곳을 부랴부랴 검색하다 눈에 들어온 것이 산사원이다.

산사원은 산사춘으로 유명한 배상면주가에서 운영하는 전통술 박물관이다. 산정호수에서는 제법 떨어진 곳에 위치해 있었는데, 결론부터 말하자면 가길 잘했다. 깔끔한 시설에 전시물도 다양했다. 옛날에 술을 보관하던 냉장고며 전통 양조 도구 등 흥미로운 것이 많았다. 이때만 해도 큰 관심이 없었던 증류식 소주에 대한 정보도 이곳에서 접했다. 건물 바깥 정원에는 커다란 술항아리 수백 개가 늘어서 있었는데, 실제로 술을 발효시키는 중이어서 구수하고 시큼한 냄새가 기분 좋게 풍겼다. 이 책을 읽는 이들이라면 가장 좋아할 만한 게 하나 남아 있다. 박물관 한편에 마련된 매장에서 다양한 전통술을 마음껏 시음할 수 있다는 점. 술 좋아하는 아내를 위해 귀갓길엔 내가 운전하기로 하고 시음권을 양보했다.

물 만난 물고기처럼, 술 만난 아내는 이것저것 열심히도 마셨다. 여러 종류의 과실주와 막걸리를 홀짝홀짝 좀 얄미울 만큼 맛있게 넘겼다. 그렇게 신이 나 있던 아내가 술 하나를 따라 마시더니 갑자기 오만상을 찌푸렸다.

"아우, 이거 너무 써!"

무슨 술인가 궁금해서 보니 '사과아락'이라 적혀 있다. 이름만 보고 처음엔 애플사이다 같은 사과주인 줄 알았다.

"사과로 만든 술인데 쓰다고?"

"어, 엄청 독해."

그럴 만했다. 도수가 25도다. 과실주치곤 참 독하다 싶었는데 알고 보니 청송 사과로 만든 증류주였다.

"사과 맛은 안 나?"

"나긴 나는데, 그래도 너무 써."

시음대에는 사과아락 말고도 감아락도 있어 그 맛과 향이 궁금했다. 하지만 이미 운전대를 잡기로 한 이상 어쩔 도리가 없었다. 나 역시 독한 술을 꺼리는 터라 우리는 막걸리와 복분자주 몇 병만 샀고, 아락에 대한 호기심은 그렇게 잊어버렸다. 이 '아락'이 그저 브랜드명이 아니라 소주를 칭하는 개성 사투리 '아락주'에서 비롯됐다는 건 한참 후에야 알게 됐다. 그리고 그 단어의 어원이 페르시아어에 있다는 사실은 이 책을 준비하면서 알게 됐다.

양조 기술이 복잡해서인지 증류주의 본격적인 역사는 8~9세기경에야 시작됐다. 세계 최고 수준의 증류 기술을 개발한 아랍이 발원지였다. 원시적인 형태의 증류주는 고대 문명기부터 세계 각지에서 마셔왔으나 지금과 같은 증류주는 8~9세기경 아랍의 연금술사 자비르 이븐 하이얀Jabir ibn Ḥayyan이 고도화된 증류 장치를 선보인 것을 계기로 개발됐다. 당시 아랍권에는 술을 못 마시게 하는 이슬람교가 이미 정착했던 터라 와인을 증류해 개발한 '포도 소주'를 술 대신 약으로 활용했다. 이 증류 기술이 세계 각지로 퍼져나가면서 소주, 고량주, 보드카, 위스키, 브랜디, 럼 같은 독한 증류주가 탄생한다. 아랍권에서는 포도 소주가 증류기에서 이슬방울로 맺혀 떨어지는 모습에 착안해 이를 '땀'이라는 뜻의 '아라크araq'라고 불렀다. 그 명칭이 증류주 제조 기술과 함께 곳곳으로 건너가 정착하면서 비슷한 형태로 소주 이름에 차용된다. 터키에서는 라키raki, 유럽 남동부에서는 라키아rakia, 에티오피아에서는 아라키araki, 인도네시아와 스리랑카에서는 아락크arrack가 되는 식이다.[2] 13세기에 아랍 지역을 정복한 원나라도 이 기술을 배워 말젖 소주인 아르히arkhi를 만들었다.

한반도의 소주 문화도 그 연장선상에 있다. 고려가 원나라의 지배를 받은 13~14세기에 몽골군이 마시던 아르히에서 소주가 탄생했다고 한다. 원나라에서 발간된 요리책《거가필용

居家必用》에 소개된 아라키阿剌吉 술의 제조법은 과거 한반도에서 소주를 내리던 방식과 똑같다. 1614년 조선에서 간행된 백과사전《지봉유설芝峰類說》에도 "소주는 원나라 때에 생긴 술인데, 이것은 오직 약으로만 쓰고 함부로 마시지는 않았다"는 기록이 나온다. 예로부터 개성, 안동, 제주가 소주의 명산지인 이유는, 이들 지역이 일본 원정을 위해 고려에 머무른 몽골군의 주둔지였기 때문이라는 가설도 제기된다. 원나라 원정군이 가죽 술통에 넣고 다니던 아르히를 공급하기 위해 고려인들이 소주를 빚게 됐다는 것이다.[3] 아울러 소주에 관한 최초의 기록이 조선 초기에 고려의 역사를 기술한 사서인《고려사》인 점도 소주가 고려 시대에 만들어졌다는 사실을 뒷받침한다.

한편 한반도 소주의 옛 이름에서도 아랍어 아라크의 흔적을 찾을 수 있다. 고려 수도였던 개성 일대에서 소주를 '아락주'라고 부른 것이 대표적이다. 배상면주가의 '아락' 제품 설명을 읽어보면 '아락은 세계 각국에서 아라키, 아라기, 알키 등으로 불리는 증류주의 세계 공통어'라고 소개되어 있다. 개성 아락주뿐 아니라 평안북도, 전라도, 경상도 등 다른 지역에서도 소주 이름에 아랑주, 아랭이, 아래기 등 비슷한 단어를 붙였다. 아라크는 한국어에 들어오면서 쓰임새가 다소 달라지는데, 변형된 단어인 아랑주의 경우 소주를 빚고 난 찌꺼기로 만든 저품질의 독한 소주를 가리키는 말로도 쓰였다. 또한 일부 지역에서는 심마니들이 술을 뜻하는 은어로 아랑주를 사용했다. 가령 남도 지역 옛말 중에는 '아랭이 핑계'라는 것이 있다. 약으로만 쓰도록 한 소주를 마시려고 꾀병 부리는 세태를 풍자한 표현이다.

어쨌든 간에 아락주든 아랭이든 모두 '증류주의 세계 공통어'인 아라크에서 파생된 말이라고 볼 수 있다. 아랍의 포도 소주 아라크가 몽골에서 말젖 소주 아르히가 되고, 이것이 다시 한반도에 전해져 쌀 소주인 아락주나 아랭이가 된 것이다.

아랍에서 몽골을 거쳐 유입된 소주가 고려인들에게는 고급 술이었다. 빚기 어려운 증류주여서 희소성이 높았다. 돈과 권력을 거머쥔 지배층이나 즐길 수 있는 술이었다. 이를 뒷받침하는 기록이 《고려사》에 실려 있다.

> **우왕禑王 원년(1375년) 2월 교서敎書에 이르기를,**
>
> "사람들이 검소함을 알지 못하고 사치스럽게 쓰며 재물을 손상시키고 있으니, 지금부터는 소주, 화려한 수를 놓은 비단, 금이나 옥으로 만든 그릇 등의 물건은 한결같이 모두 사용을 금

한다."

《고려사》卷八十五, 志 卷第三十九, 刑法 二

국가에서 비단, 금은 그릇 등과 함께 사치품 목록에 든 소주 소비를 금지한 것이다. 설명을 덧붙이자면, 우왕이 왕위에 오른 고려 말기는 권문세족의 횡포가 극심했던 시기다. 이들은 음서를 이용해 자식들에게 요직을 대물림하며 그들만이 사는 세상을 구축했고, 그런 세상 속에서 권력을 휘둘러 대농장을 경영하며 부를 쌓았다. 이 과정에서 일반 백성을 노예로 부리는 만행까지 불사했다. 서민들의 삶이 파탄 나는 동안 이들은 착취를 통해 쌓은 부로 온갖 사치를 누렸다. 우왕의 아버지인 공민왕은 바로 이런 상황을 개혁하려다 실패한 뒤 잔혹하게 시해됐다. 우왕이 왕위를 이어받은 건 겨우 열 살 때였다. 이에 할머니인 명덕태후가 어린 왕을 대신해 섭정했는데, 이 같은 혼란기에 국가 기강을 바로잡겠다며 내린 것이 소주 금지령이었다. 하지만 이게 먹힐 리가 있나. 훗날 우왕은 공민왕의 혈통이 아니라는 의심 속에 이성계에게 폐위당한 뒤 살해된다. 멸망을 앞둔 고려의 왕권은 바닥까지 추락한 상황이었고, 어린데다 정통성까지 의심받는 왕이었으니 금지령은 가볍게 무시당했다. 이를 증명하기라도 하듯, 우왕이 소주 금지령을 내린 지 2년 만에 한 무신이 소주로 엄청난 물의를 일으킨다.

김진金縝이 경상도원수가 되어 도내의 이름난 기생들을 크게 모아놓고 휘하 장수들과 함께 밤낮으로 술을 마시며 놀았다. 김진이 소주를 좋아하니 군대 내에서 소주도燒酒徒라고 불렸다. 군졸과 비장裨將들이 조금만 그의 뜻을 거슬러도 번번이 매를 쳐서 욕을 보이자 사람들이 분노하고 원망하였다. 왜적이 합포合浦 병영을 불사르고 약탈하니 사람들이 말하기를, "소주도를 시켜 적을 치면 될 것이지 우리들이 어찌 싸울 수 있겠는가?"라고 하며 물러서서 진격하지 않았다. 김진이 혼자 말을 타고 달아나니 마침내 크게 패배하였다. 이에 김진을 폐하여 민民으로 삼아 창녕현昌寧縣으로 유배 보냈다가 곧 가덕도嘉德島로 옮겼다.

《고려사》卷一百十三 列傳 卷第二十六 諸臣

김진은 고려 말기 무신으로 우왕 2년인 1376년에 경상도원수 겸 도체찰사에 임명됐는데, 본분을 망각할 정도로 소주에 취해 살았다. 부임한 뒤 정사는 안중에도 없고 경상도에서 유명하다는 기생들을 불러 휘하 장수들과 매일같이 술판을 벌이며 주색만 밝힌 것이다. 얼마나 꼴사나웠던지 일반 병사들이 이들을 '소주도'라 불렀을 정도다. 여기서 도徒는 동아리를 뜻하는 한자다. 그러니까 모여서 하는 일이라고는 소주 마시는 일밖에 없다며 비아냥댄 것이다.

《고려사》에서 소주도에 관련된 내용이 실린 대목. ⓒ 규장각한국학연구원

문제는 당시 경상도 안보가 왜구 때문에 상당히 불안했다는 점이다. 쓰시마, 규슈 일대를 근거지로 삼은 일본 해적단은 삼국 시대부터 한반도 근해를 휘젓고 다녔다. 이들의 침략은 특히 고려 말기에 극성이었는데, 이를 견디다 못한 연안 주민들이 내륙으로 이주하면서 무인도가 잇따라 생겨나 어촌이 사라질 지경에 이르렀다. 수도인 개경(개성)조차 왜구의 공격에 여러 차례 함락 위기를 겪었을 정도인데, 하물며 일본에 가까운 경상도에서 군정을

펼쳐야 할 이가 허구한 날 소주만 마시고 있었으니 상황이 어땠겠는가. 급기야 해적들은 민가를 약탈하는 데서 그치지 않고 1377년 합포(지금의 창원)의 병영까지 털었다. 이에 김진은 부랴부랴 진압에 나서지만 일반 병사들은 맞서 싸우기를 거부했다. "소주도를 시켜" 즉 소주 동아리원들이 나가 싸우라며 반발한 것이다. 결국 김진은 저 혼자 살겠다며 전장에서 도망쳤고, 그 죄로 평민 신분으로 강등된 뒤 섬에 유배되어 귀양살이를 하다 죽는다. 소주 때문에 패가망신한 셈이다.

소주를 먹여 인명을 상하게 하니

이야기를 시작하면서 내가 겪었던 사발식을 언급했는데, 이렇게 술 마시기를 요구받는 것은 (당연히) 대학에서 끝나지 않는다. 사회에 나가서도 마찬가지거나 많은 경우에는 더 심하게 요구받곤 한다. 회사 생활을 하면서 접대 자리에 가든, 회식에 가든, 중요한 일을 끝내 축하를 하든, 송별식이나 환영식을 갖든, 뭐가 됐든 간에 사람을 마주하는 자리라면 거의 언제나 술이 빠지지 않았다. 원치 않은 술자리에 끌려 다니는 것도 곤욕이지만, 밑잔을 깔든 입술만 적시고 잔을 내려놓든 술을 조금이라도 빼면 귀신같이 알아차리곤 남자가 그거밖에 못 마시냐는 등 쏟아지는 핀잔들을 듣고 있는 것도 만만찮다. 컨디션이 좋지 않을 때도 자비는 없다. 몸살 기운이 있어 술잔을 엎어놓기라도 하면 다시 세워 소주 한 잔이면 만병이 낫는다며 어떻게든 술을 따라주는 이가 있게 마련이니. 그런데 이렇게 지위가 낮거나 나이가 어린 사람에게 술을 강권하는 일은 조선시대에도 있었다. 바로 태종의 맏아들인 양녕대군이 그랬다.

1404년 열 살에 세자로 책봉된 양녕대군은 기행을 일삼아 여러 사람의 입에 오르내렸는데, 특히 여색을 밝혀 남의 첩을 임신시키기까지 했다. 대신들은 이런 지저분한 품행을 문제 삼아 태종에게 끈질기게 폐위를 주청했다. 결국 1418년 양녕대군은 세자 자리에서 쫓겨났다. 태종은 양녕 대신 셋째 아들 충녕대군을 세자로 세운다. 이 충녕대군이 한글 창제를 주도한 세종대왕이다. 어쨌든 양녕대군은 폐출된 뒤에도 여러 차례 문제를 일으켜 대군 지위마저 박탈당할 뻔했다. 그중 하나가 아랫사람에게 소주를 강권하다 죽음에 이르게 한 사건이다.

아래로는 현관縣官에게 알리지도 않고 함부로 마을 사람을 불러서 돌을 실어다가 집을 꾸미었는데, 소주를 지나치게 먹여 인명을 상하게 하니, 이천 현수縣守 박고가 그 마을 사람을 문초한 것은 진실로 그의 직책이온데, 도리어 원한을 품고 박고에게 죄를 돌려, 글을 올려 죄 주기를 청하되, 말이 불손하여 심지어 '만약에 청을 들어주시지 않는다면 소신과 전하의 사이가 이로부터 소원해질 것이라'는 말까지 하였사오니, 이는 본디 불충한 마음이 속에 쌓여 있다가, 언사에 이처럼 나타낸 것이온즉, 명의죄名義罪를 범함이 이보다 큰 것이 어디 있겠습니까.

《세종실록》 18권

대사헌 원숙의 상소문(1422년)

제禔(양녕대군)가 수리하는 일이 있어 고을 백성을 청하여 돌을 운반하면서 소주를 먹여 한 사람이 운명하게 되니, 현관 박고는 공사에 관련된 두서너 사람을 잡아 가두고 위에 아뢰니, 제(양녕대군)가 매우 분하게 여겨 위에 글을 올렸는데, 글 내용이 모두 원망하는 말이어서······.

《세종실록》 19권

문무관 2품 이상의 봉장(1423년)

사람에게 소주를 먹여 운명하게 하였으므로, 현관이 말을 갖추어 위에 아뢰니, 제(양녕대군)가 이에 글을 올렸는데, 그 내용이 매우 원망하여, '신과 전하의 사이가 이로부터 소원해질 것입니다'라는 말까지 있었습니다.

《세종실록》 39권

대사헌 김맹성, 좌사간 김효정 등의 요청 (1428년)

양녕대군은 궁을 떠난 뒤 강화도에 머물다 경기도 이천으로 옮겨 갔다. 행여 왕좌에 위협을 끼칠까 봐 수도 한양에서 떨어진 곳에 거주하게 한 것이다. 폐세자는 남은 생을 자중하며 보내야 할 운명이었다. 하지만 자유분방한 천성을 가진 양녕대군에게는 무리였다. 집을 수리하면서 일꾼으로 동원한 동네 주민들에게 소주를 마시라며 강권했던 모양이다. 폐출됐다고는 하나 왕족, 그것도 왕의 형이 건네는 술잔이다. 신분 낮은 양민 입장에서 더는 못 마시겠다며 거절할 수 없었을 터. 결국 한 명이 소주 때문에 탈이 나 사망했다. 사람이 죽었으니 고을 사또는 진상 조사에 나선다. 그런데 양녕대군은 이런 처사가 저를 무시하는 것이라 여겼던지 세종에게 사또를 처벌할 것을 요청하면서 이 청을 들어주지 않는다면 사이가 소원해지리라는, 바꿔 말해서 내 말 안 들어주면 연을 끊겠다는 놀랍도록 유치한 협박까지 덧붙인다. 양녕대군을 못마땅하게 여겨 축출할 기회만을 노리던 대신들로서는 이 사건이 상소에 몇 번이나 우려먹을 만큼 좋은 먹잇감이었다. 하지만 세종은 형의 자리를 차지했다는 미안함이 있었던 건지 거듭되는 상소에도 눈감았다. 오히려 양녕대군에게 여러 차례 소주를 선물로 보내기까지 했다. 태종도 아들을 폐위시킨 바로 다음 날인 1418년 6월 4일 양녕대군에게 소주와 약주를 보내 위로했던 걸 보면, 양녕대군은 소주를 무척이나 좋아했던 듯하다(물론 이 당시 소주는 고급술이었다).

소주를 억지로 마시게 해 사람 잡은 일은 태종이 다스리던 시절에도 있었다. 1417년 안양사安養寺에서 열린 술자리 도중에 금천 현감 김문이 변사했다. 헌부에서 경위를 조사해보니, 이날 향연의 주인공이었던 과천 현감 윤돈과 수원 부사 박강생이 김문에게 소주 마시기를 강요했단다. 윤돈이 봉례랑奉禮郎(의례 등을 관리하는 조선 초기의 관직으로 종6품직 벼슬)에 임명되어 한양으로 떠나게 되자 인근 고을 관리들이 모여 송별회를 가졌던 모양인데, 오늘날로 치면 과천시장 송별회에 참석한 금천구청장이 수원시장과 과천시장이 강요한 소주를 과하게 받아 마시다 못해 사망한 것이다. 보통 일이 아니다. 이에 헌부는 태종에게 박강생과 윤돈을 엄히 처벌할 것을 청했지만, 뜻밖에도 태종은 파직, 즉 두 사람의 직책을 박탈하는 선에서 마무리 지었다. "술을 권하는 것은 본시 사람을 죽이고자 함이 아니고, 인관(동료 공직자)을 전별함(송별회를 갖는 것)도 또한 상사(일상 업무)인 것"이라는 이유에서였다. 말하자면 두 사람은 과실치사 혐의로 해임 처분만 받은 셈이다. 소주로 사람을 죽게 만들었던 박강생은 훗날 안변도호부사에 임명되어 정계에 복귀했고, 딸을 세종의 후궁으로 들이기도 했다.

이 같은 일은 1471년에 또 한 번 벌어진다. 성종이 통치했던 시기다. (우리는 역사에 남은 기록만 볼 수 있을 뿐이니, 이런 일은 훨씬 더 많았을 것이다) 당대 최고의 세도가 홍윤성이 황해도 관찰사 이수남에게 소주를 억지로 먹이다 결국 이수남이 죽고 만다. 세조의 왕위 찬탈을 도우며 영의정까지 지낸 홍윤성은 포악한 성미로 악명이 자자했는데, 높은 지위와 나이를 앞세워 후배에게 소주잔을 계속 들이민 것이다. 명나라에 사신으로 파견됐다 귀국해 앞날이 창창했던 이수남은 소주 때문에 서른두 살에 요절했다. 사헌부에서는 사안이 위중하다며 성종에게 홍윤성을 국문鞫問(국청鞫廳, 즉 중죄인을 신문하기 위해 왕명으로 설치하는 임시관청에서 죄인을 신문하는 일)할 것을 요청했다. 하지만 성종은 "이수남이 만리萬里에서 돌아왔기에 인산(홍윤성)이 술을 권한 것인데, 무엇이 불가함이 있겠느냐?"라며 대

수롭지 않게 넘겼다. 이 문제로 홍윤성이 왕을 알현해 변명을 늘어놓자, 성종은 그 자리에서 소주를 따라주며 권하기까지 했다. 홍윤성이 성종의 즉위를 보좌한 은인인 탓도 있겠지만, 술에 관대한 인식이 사태의 심각성을 외면하게 만든 것이다.

하지만 소주를 권하는 풍습 때문에 북방 변경 지역에서 민족 갈등까지 불거졌다는 이야기까지 듣고 나면 그 옛날 조선인들의 주량이 궁금해지기는 한다. 지금보다 기온이 낮았을 텐데 더군다나 북방이라면 무지막지한 독주를 마셨을 법하다. 이 독한 소주 때문에 세종 4년(1422년) 두만강 일대에서 여진족이 소요 사태를 일으킨다. 당시 조정에서는 사태를 수습하기 위해 여진족 출신 통역사를 급파해 주동자들을 회유했는데, 다음과 같이 기록되어 있다.

너희들(여진족)은 우리나라(조선)에 귀순한 지가 이미 오래되었고, 우리나라에서도 또 대우하기를 매우 후하게 하였거늘, 이제 너희들이 변경을 침략하며, 우리의 변장邊將(변방을 지키는 장수)을 탓하여 말하기를, '저희의 친속親屬이 경원慶源에 갔더니, 혹은 소주를 억지로 권하여 마시게 하며, 혹은 손가락 상한 곳에 약을 붙여주어서, 그들로 하여금 죽게 하였다'고 한다 하나, 그러나 손(손님)을 대접하느라고 술을 권하고, 손이 병든 것을 보고 약을 붙여 치료해주는 것은, 모두 주인 된 예로서 당연히 할 바인즉, 어찌 참으로 죽이려는 뜻이야 있었겠느냐.

《세종실록》18권

사정은 이랬다. 연해주의 여진족 몇몇이 두만강 접경 지역인 경원으로 넘어갔다가 변방을 지키는 조선인 장군을 만나 소주를 대접받았다. 장군은 이들 일행 중 한 명이 손가락에 상처가 난 것을 보고 치료까지 해줬다. 그런데 이 여진족이 갑자기 죽는다. 그러자 이들은 장군이 사망한 이에게 소주를 권한 저의와 상처에 발라준 약에 의심을 표한다. 지금도 그렇지만, 당시 조선인들은 소주 한잔 받으라며 음주를 부추기는 것이 상대방과 친해지는 사교 방식이라 여겼다. 하지만 이런 풍습을 몰랐던 이민족으로서는 독한 술을 많이 먹여 죽이려는 술수였다고 의심한 것이다.

이쯤에서 드는 의문. 변방을 지키던 조선인 장군은 왜 이민족인 여진족에게 소주를 대접했을까? 그것도 국경을 넘어온 침입자에게? 여기에는 고려 말기와 조선 초기에 걸쳐진 복잡한 외교적 상황이 얽혀 있다.

고려는 몽골족 말고도 오랑캐나 야인(야만인)이라 불렸던 거란, 여진 등 북방 이민족의 침략에 골머리를 앓았다. 회유책을 써 이들과 평화를 유지하는 한편, 천리장성을 쌓아 이들이 국경을 함부로 넘어오지 못하게 대비했다. 이후 만주를 비롯해 두만강과 압록강 일대, 개마고원 등 한반도 북방은 여진족의 땅으로 넘어갔다. 이런 상황 속에 원나라가 쇠약해지자 고려 공민왕은 옛 영토를 되찾겠다며 북벌을 추진해 1370년, 요동을 점령한다. 이 작전을 성공시킨 장군이 바로 이성계다. 하지만 오랜 세월 온화한 한반도 기후에서 살아온 탓에 북방의 매서운 겨울 추위를 견디지 못했는지, 고려군은 일대 부족들에게 고려에 귀순할 것을 권한 뒤 철군한다. 이후 명나라가 요동을 무력으로 점거하면서 고려는 명과 영토 분쟁을 벌였다. 공민왕의 아들인 우왕은 이성계를 다시 내세워 요동으로 출병을 감행한다. 그러나 승산이 없다고 판단한 이성계는 만주로 넘어가는 대신 압록강 하류 위화도에서 회군해 우왕을 폐위시키고 정권을 장악한 뒤, 조선을 건국한다.

비록 만주의 드넓은 땅은 되찾지 못했지만 한민족의 영토는 고려 말과 조선 초에 걸쳐 압록강과 백두산, 두만강까지 확장됐다. 그런데 앞서 말한 것처럼 평안도 북부나 함경도 일대에선 오랜 세월 여진족이 살아왔다. 한 나라 안에 한민족과 여진족이 동거하게 된 것이다. 여진족은 부족 단위로 여기저기 흩어져 살았는데, 귀순한 여진족 부족은 환대를 받았고 일부는 관직에도 올랐다. 조선의 개국공신이자 이성계의 심복인 이지란(본명은 쿠룬투란티무르)이 대표적이다. 하지만 조선의 지배에 저항하는 부족도 적지 않아서 북방의 안보는 늘 불안했다. 특히 두만강을 넘나들며 소란을 피우는 북동부의 여진족 부족들이 문제였다. 조선 초기에 여러 차례 토벌에 나섰지만 완전히 제압하지는 못했다. 게다가 중원을 장악한 명나라와의 외교 관계를 고려해야 했기 때문에 마음대로 군사를 동원할 처지도 아니었다. 조정에서는 여진족을 잘 구슬려 조선인으로 귀화시키고자 했다. 아니면 얌전히 살도록 경제적으로 돕는 편이(식량이 부족해지면 더욱 난동을 부려서였다) 관리하기에 편하다고 판단했다. 미운 놈 떡 하나 더 준다는 속담처럼 말이다. 조선의 장군이 국경을 넘어온 여진족과 소주잔을 기울인 것도 그런 유화책의 일환이었다. 그런데 이때 말고도 소주로 오랑캐를 포섭하려 노력한 정황이 꾸준히 보인다.

> 함길도(함경도의 옛 지명) 관찰사에게 유시하기를,
> 지금 가는 동지중추원사 낭이승거의 아우인 대호군 낭어을거에게 소주 25병과 소금 5석을 주고, 상호군 이거을가개의 아우인 부사직 이아이다개와 행사직 낭삼파의 아우인 사정 낭사오가와 부사정 수세에게 각기 소주 15병, 소금 3석과 아울러 어물까지 주라.
>
> 《세조실록》 6권(1457년)

승정원에서 전지(傳旨)(임금의 뜻을 전하는 것)를 받들어 함길도 관찰사에게 급히 편지를 보내기를,

"지금 가는 낭이승거에게 홍색 목면·청색 목면 각 5필, 소주 50병, 소금 15석, 쌀 10석과 어물을 내려주니, 만약 요구하는 것이 있으면 또한 적당히 주도록 하라."

《세조실록》 17권 (1459년)

낭이승거, 낭어을거, 이거을가개, 이아이다개……. 이름이 어딘가 이국적이다. 조선에 귀화해 동지중추원사나 대호군 같은 벼슬까지 한자리씩 받은 여진족으로, 이들이 함길도 관찰사를 찾아가면 하사품을 챙겨주라는 왕의 지시다. 소주가 쌀이나 소금처럼 귀한 대우를 받으며 하사품 목록에 포함돼 있다. 여진족이 소주를 무척이나 좋아한 것으로 보이는데, 이게 또 문제를 일으킨다.

특진관(特進官) 반석평이 아뢰기를,

"변방의 장수가 저들을 접대하는 것은 본디 정해진 법이 있는데, 지금은 풍성하고 사치하기에 힘쓰고 백성들의 폐는 따지지 않습니다. 그 잔치는 매번 회령부(두만강과 맞닿은 함경북도

의 회령군 일대)에서 하는데, 감사와 병사 앞에 상을 놓고, 우후·
부사·도사·평사 등의 상은 그다음이요, 중추첨지 등의 앞에는
모두 사주상四注床을 늘어놓고, 그 밖의 어육 같은 음식도 여
기에 맞추어서 냅니다. 소주는 거의 70여 주발이나 되는데, 그
상의 비용은 나라의 잔치 때와 다를 것이 없습니다. (중략) 이
것이 모두 민간에서 나오니 백성들이 어떻게 감당하겠습니까.
또 잔치 때 쓰는 술은 한 말의 좁쌀을 민간에 나눠주고 사람 수
를 따져서 각각 한 병씩을 거둡니다. 까닭에 궁한 백성들이 여
기저기서 사다가 바칩니다. (중략) 야인들을 접대하는 물건을
풍성하고 사치스럽게 하지 못하도록 감사에게 하유하시는 것
이 어떻겠습니까?"

《중종실록》91권(1539년)

　한마디로 여진족 접대비가 감당하기 힘들 만큼 크다는 얘
기다. 귀한 소주를 70여 주발이나 내놓는 등 왕실 향연에 버금
가는 잔치를 벌이느라 조선 양민들을 착취한다니, 주객이 전
도된 격이다. 그런데 국고에 타격을 입힐 정도로 하사품을 과
도하게 받아 간 오랑캐는 북방의 여진족 말고도 또 있었다. 바
로 왜인倭人들이다.

고려 말에 극성을 부리던 왜구는 조선 시대라고 달라지지 않았다. 고려군과 조선군은 쓰시마 정벌 등 몇 차례 왜구 소탕에 나서 일정한 성과를 거뒀지만 근절시키기엔 역부족이었다. 조선은 여진족에게 그랬듯이 왜구의 본거지인 쓰시마, 규슈 등지의 지방 영주들을 회유해 그들이 왜구를 직접 관리하게 끔 하려 했다. 쓰시마 영주인 소 사다모리宗貞盛가 조선 해역에서 살인과 약탈을 저지른 왜구들을 잡아 세종에게 바쳐(참수한 머리도 포함됐다) 세종이 답례품을 보낸 기록이 남아 있다. 이런 왕실 하사품 목록에 소주는 빠지지 않고 들어갔는데, 적게는 열 병에서 많게는 50병까지 내렸으니 상당한 양이었다. 다른 품목도 과하기는 마찬가지였다. 풍성한 선물보따리에 맛을 들였는지, 왜인들이 뻔질나게 찾아와 하사품을 달라고 떼쓰는 통에 재정 부담이 커져 방문 자제를 요구할 정도였다.

예조 참의參議 홍윤성이 교지를 받들어 대마주 태수 종성직(쓰시마 영주 소 사다모리)에게 치서하기를,

"귀도貴島는 우리나라의 문호이며, 여러 섬에서 왕래하는 관문으로서 여러 섬의 사객선使客船이 반드시 귀도의 문인文引(도항 증명서)을 얻은 연후에야 비로소 도달할 수 있도록 되

어 있었다. … 1년에 한 번 오기도 하고, 한 해를 걸러 한 번 오기도 하여 정성을 드릴 따름이었는데, 근년에 와서는 왕래하는 데 절제가 없어 1년 중에 많으면 혹 10여 차에 이르기도 하여……."

《세조실록》2권(1455년)

이처럼 조선은 쓰시마 영주에게 제발 그만 좀 오라는 편지를 보내면서 또 하사품을 한가득 딸려 보냈다. 소주도 30병이나 포함됐다. 이 정도면 정이 넘치는 건지, 호구인 건지 잘 모르겠지만 어쨌든 그 이후로도 왜인들은 조선소주를 줄기차게 받아 챙겼다.

조선소주의 맛과 향에 취한 외국인은 남북의 오랑캐 말고도 더 있었다. 류큐(현 일본 오키나와) 국왕에게 여러 차례 소주를 30병씩 보낸 기록이 남아 있으며, 명나라 사신을 접대하는 자리에도 올랐다. 특히 여진족 후예가 건국한 청나라의 사신들은 조선에 올 때마다 소주를 달라고 따로 요청하기까지 했다. 한 지방 관리가 조선을 찾은 청의 칙사에게 겨우 소주 한 잔 반을 제공했다가 접대가 부실했다는 이유로 경고를 받은 일도 있었다. 명·청에 파견한 사신단과 일본을 오간 조선통신

사도 선물로 소주를 가져가곤 했다.

주기만 한 건 아니다. 류큐 왕실이 세조에게 바친 진상품 중 천축주天竺酒(천축은 한자권에서 인도를 가리키던 옛 지명이다)라는 것이 있었는데, 이는 야자나무 소주였다고 한다. 그런데 관계를 다지기 위함이었던 이 천축주가 조선과 류큐 사이에 외교 문제를 일으킬 뻔한다. 세조가 류큐 사신에게 천축주라는 이름을 붙인 연유를 묻자 사신이 "인도에서 가져온 술"이라고 설명했는데, 왕이 거짓말이라 의심한 것이다. 병자호란이 끝난 뒤 청 황제도 인조에게 "맛이 매우 좋다"며 사신을 통해 치즈 소주를 선물한 바 있다. 치즈 소주라니, 도무지 상상하기 힘들지만 어쨌든 간에 서로 다른 소주로 국제 교류를 한 '소주 외교'였다.

약인가, 독인가

도수가 20도 아래로 내려간 지금의 희석식 소주와 달리, 조선소주는 40~50도로 매우 높았다. 지역에 따라 60도 소주도 있었다고 하니, 이 정도면 손소독제를 삼키는 것이나 다름없다. 앞선 장에서 다룬 것이 억지로 소주 먹이다 사람 잡은 일이라면 여기서 다룰 것은 누가 권하지 않았는데도 독한 소주를 연거푸 마시다 사망에 이른 사건이다. 죽음까지 불사하며 마시는 술이어서 그런가, 소주를 대하는 조선인의 시각에는 극단적이고 이중적인 면이 있었다. 미치도록 좋아하거나 미치도록 싫어하거나. 속으로는 좋아하면서 겉으로는 싫어하는 척.

고려 시대에 그러했듯이 조선 시대에도 소주는 사치품으로 지목돼 곱지 않은 시선을 받곤 했다. 또한 흉년에는 곡물 소비를 막는다며 소주, 막걸리 가릴 것 없이 금주령이 떨어졌다. 《조선왕조실록》에는 금주령이 무려 129차례나 단행된 것으로 나온다. 성종이 재위하던 1490년엔 소주 소비 급증을 심각한 사회 문제로 여겨 왕과 신하들이 치열한 논쟁을 벌이기도 했다.

사간司諫 조효동이 아뢰기를,
"세종 시대에는 사대부 집에서 소주를 드물게 썼는데 지금은 보통 연회에서도 모두 쓰므로 낭비가 막심하니, 청컨대 모두 금지하도록 하소서."
하니, 임금이 말하기를,
"이와 같은 일은 사헌부에서 마땅히 금지할 것이다."
하였다. 이어 좌우에게 묻기를,
"어떻겠는가?"
하니, 특진관 손순효가 대답하기를,
"일일이 금지하기는 어렵습니다."
하고, 지사知事 어세겸이 말하기를,
"소주는 비록 낭비한다고 하나 가난한 자는 스스로 할 수 없고, 또 국가에서 어찌 사삿집의 비축을 억눌러서 절제시킬 수 있겠습니까?"

하였다.

《성종실록》239권

이처럼 엇갈린 의견을 수렴해 성종은 다음 해에 소주 금지
령 대신 자제령을 발표하면서 이렇게 말한다.

"요즘 듣자하니 풍습이 소주를 숭상하여 위로 관부官府에서
부터 아래로 여항閭巷(민간)에 이르기까지 모두 마시기를 좋
아하여 점점 풍습을 이루는 데 이르렀으니, 소비가 심할 뿐만
아니라 간혹 지나치게 마실 것 같으면 역시 사람을 상하게 하
는 이치가 있다. 지금부터는 늙거나 병이 들어 약으로 복용하
는 것을 제외하고는 경계하여 마시는 것을 좋아하지 말도록
하라."

《성종실록》250권

아랍처럼 조선에서도 소주를 술이 아닌 약으로 쓰게 한 것
이다. 급기야 법으로 강제하기도 했다. 숙종 32년(1706년)에
편찬된 법전인《전록통고典錄通考》에는 '소주는 늙거나 병든

사람의 약으로 쓰는 경우 이외에는 일절 금한다燒酒, 老病服藥
外, 一禁'는 조항이 명시되어 있다. 물론 약을 빙자해 술로 마시
는 일이 허다했다. 빠져나갈 허점이 얼마든지 있었던 것이다.
앞서 언급했던, 이수남에게 소주를 먹여 죽음에까지 이르게
한 홍윤성 역시 성종에게 경위를 설명하면서 설사약으로 상시
복용하던 소주를 몇 잔 권하다 그렇게 됐다고 둘러댔다. 이에
성종은 "비록 술을 금하더라도 복약하는 것이 어찌 해롭겠는
가?"라고 답하며 약용이면 문제 될 것 없다고 홍윤성 편을 든
다. 심지어 왕은 홍윤성의 엄벌을 요구한 사헌부 보란 듯이 그
자리에서 소주를 따라주며 "경이 이질을 앓는 까닭으로 소주
를 내렸으니 마시고 가는 것이 옳다"고까지 말한다. 내로남불
이 아니라 내약남독(내가 마시면 약, 남이 마시면 독)이다.

정말 약용으로 활용된 적도 있기는 하다. 왕실에서 보약으
로 소주를 음용한 것이다. 1452년 11세의 어린 나이로 왕위에
오른 단종은 삼촌인 수양대군의 기에 눌린 건지 영 맥을 못 췄
다. 이에 대신들이 "바야흐로 여름 달이어서 천기가 찌고 무더
우니, 또한 청컨대 소주를 조금 드소서"라고 권해 왕이 따랐다
는 기록이 있다. 가뜩이나 더운데 소주까지 마시면 홧홧하니
열이 오르지 않나? 언뜻 이해하기 어려운 처방처럼 보이지만,

사실 술은 몸을 차갑게 만든다(일시적으로 체온을 높이는 효과가 있기는 하다). 여름밤이면 열심히 술을 마시곤 덥다고 이불을 걷어차며 잠들었다가 감기로 앓아눕는 이들만 봐도 알 수 있다. 1483년 정희왕후의 장례를 치르던 도중 성종이 어머니인 덕종비(인수대비)와 선왕의 아내인 예종비의 건강을 염려하며 소주 열 병을 올린 일도 있다. 이때 성종 역시 신하들에게서 술로 기운을 차리라는 조언을 들었으나 왕은 장례가 끝난 뒤 마시겠다며 한사코 거절했다. 1638년엔 내의원에서 인조에게 무더위를 이길 약으로 홍소주(붉은 쌀로 빚어 붉은빛을 띠는 소주)를 이틀에 한 번씩 올렸는데, 왕이 받지 않았다. 병자호란 직후 나라 꼴이 엉망진창인 상황에서 제 건강 챙긴답시고 소주를 마시는 데 양심의 가책을 느꼈는지도 모르겠다.

한편 영조는 1736년 대신들로부터 평소 술 좀 자중하라는 진언을 듣자 "내가 목마를 때 간혹 오미자차를 마시는데, 남들이 소주인 줄 의심한 것"이라고 잘라 말했다. 영조는 재위한 52년 내내 금주령을 내릴 정도로 조선의 그 어떤 왕들보다 술에 엄격한 군주였다. 함경남병사(함경도에서 국방을 담당한 종2품의 관직) 윤구연이 술을 마시다 적발되자 직접 모진 고문을 가한 뒤 참수시킬 정도였다. 그것도 모자라 윤구연의 잘린 목을

숭례문에 내걸어 금주령에 대한 강한 의지를 내비쳤다. 유교 국가인 조선은 조상을 섬기는 제의를 중시했는데, 영조는 제사상에 쓰는 술도 금지해 논란을 일으켰다. 이런 와중에 정작 임금 본인이 몰래 술을 마신다면 그보다 더한 위선은 없었다. 아무리 왕이라도 소문이 사실로 드러나면 민심이 요동칠 게 뻔했다. 더구나 영조는 비천한 무수리 출신인 숙빈 최씨의 소생인 데다 이복형 경종을 독살하고 왕위에 올랐다는 의혹에 시달리며 정통성 문제로 늘 불안해했다. 그러니 소주를 마셨더라도 기필코 숨겨야 했을 것이다.

오미자차가 붉은빛을 띤다는 점으로 미루어 볼 때, 영조가 마신다고 오해받았던 건(혹은 간파됐거나) 홍소주였던 듯하다. 그가 수시로 마신 건 오미자차였을까, 홍소주였을까? 진실은 저 너머에. 참고로 영조의 음주 의심 정황은 역사에 여러 차례 기록돼 있다. 흥미로운 건 영조가 82세까지 살아 조선왕조에서 가장 장수한 왕이었다는 사실이다. 어쩌면 소주는 진짜 보약이었는지도 모른다.

죄 많은 술

이렇게 말해도 될지 모르겠지만, 불륜은 흥미진진하다(물론 내 일이 아닐 때 성립 가능한 말이다). 〈사랑과 전쟁〉이, 막장에 막장을 거듭하는 드라마가 늘 욕을 먹으면서도 계속 나오는 걸 보면 이렇게 생각하는 게 나뿐만은 아닌 것 같다. 불륜에 덧씌워진 이미지가 추잡해서 그렇지, 윤리적인 기준을 벗어난 사랑은 분명 흥미로운 구석이 있다. 시키는 대로, 주어진 대로 살아가는 인생에는 드라마틱한 요소가 없으니까. 어쨌든 불륜 이야기를 꺼낸 건 조선 시대에 있었던 몇몇 치정극을 소개하기 위해서인데, 어쩐지 소주는 불륜을 빗대기 좋은 술인 것 같기도 하다. 세상의 잣대를 잊으면서까지 사랑에 빠지려면 어느 정도는 회까닥해야 하지 않나. 그러자면 맥주나 막걸리는 너무 순하다. 쓰고, 달고, 독한 소주가 제격인 것만 같다. 소주는 기분 나빠하겠지만.

중종 시대인 1536년에 일어난 '오여정 사건'은 온 나라를 발칵 뒤집었다. 〈사랑과 전쟁〉은 명함도 못 내밀 정도로 불륜에 패륜을 더한 막장 스캔들이었다. 내용은 이랬다. 충청도 황간(지금의 충북 영동군)에서 오찬이라는 남자가 급사한다. 그런데 오찬의 아들이자 상주인 오여정이 아버지의 장례도 치르지 않고 집을 떠나는 불효를 저질러 지명 수배가 된다. 수상하게도 오여정은 아버지가 죽자마자 집안 노비 두 명을 살해하고 달아난 것으로 드러났다. 이를 말리는 어머니를 밖에 나오지 못하게 가둬놓기까지 했다. 오 씨 일가는 어엿한 양반 가였고, 당시 재상까지 지낸 이항의 처가이기도 해서 이런 기행은 많은 의혹을 불러일으켰다. 더구나 오여정은 매부의 권력을 이용해 벼슬자리를 꿰찬 뒤 온갖 비리와 악행을 일삼아 온 마을 사람들에게서 미움 받던 망나니라 관심이 더욱 집중됐다.

수사 결과, 충격적인 전말이 밝혀진다. 오여정은 아버지의 첩인 돌지와 불륜 행각을 벌이고 있었다. 그러니까 부자가 한 여자를 마음에 두었던 것이다. 그런데 아버지인 오찬이 아들

오여정과 첩 돌지의 부적절한 관계를 눈치챘던 모양이다. 화를 당할까 두려웠던 오여정은 돌지와 함께 아버지를 독살하기로 마음먹는다. 그런 사정을 모른 채 오찬은 돌지가 올린 술을 마신다. 소주와 철쭉으로 담근 백화주다. 철쭉에는 독이 있어 함부로 음용하면 안 되는데, 도수 높은 소주까지 더해지니 치명적일 수밖에 없었다. 결국 아들과 첩의 농간에 오찬은 독주를 마시다 취한 상태로 사망했다. 오여정이 집안 노비들을 목 졸라 죽인 건, 그들이 이런 정황을 알고 있었기 때문으로 추정된다. 실제로 수사 과정에서 오찬의 하인 중 한 명이 두 사람의 애정 행각을 목격했다고 진술하기도 했다. 오여정은 일이 잘못됐음을 알아차리고 돌지와 함께 경상도로 도주했다. 이후 양반 체면을 내던지고 생선 장수로 변장하는 주도면밀함까지 보였으나 전국 팔도에 내려진 지명 수배를 이길 수는 없었다. 오여정은 모든 조정 대신이 보는 앞에서 참혹하게 처형됐다. 연좌제에 따라 오 씨 일가는 노비 신분으로 격하됐고 집안은 풍비박산이 났다.

'오여정 사건'도 놀랄 노 자인데, 이보다 2년 전에 더 충격적인 사건이 있었다. 1534년, 경상남도 영산(지금의 창원군 영산면)에서 이 지역 현감 남효문이 급사한다. 사인은 홧김에 마신 소주였다. 사간원의 첫 진상 조사 결과는 대략 이랬다. 남효문은 대를 이을 아들이 없어 조카 남순필을 수양아들로 삼는다. 아들이 된 남순필은 자연스레 남효문의 집에 드나들다가 그 아내이자 자신에게는 양어머니가 된 소옥과 눈이 맞는다. 둘은 집 안에 밀회 장소까지 따로 마련해놓고 함께 식사하거나 성관계를 갖는 등 아슬아슬한 연애를 이어갔다. 관계가 지속되면서 추문이 동네방네 퍼져 나가지만, 소문의 당사자가 으레 그렇듯 남효문은 이 사실을 알지 못했다. 이 와중에 남효문에게 영산현감 발령이 떨어진다. 원래 한양에 살던 남효문 부부가 멀리 떠나자, 남순필은 소옥을 그리워하며 편지를 보낸다. 편지는 두 사람의 성생활을 묘사한 온갖 음탕한 표현들로 가득했다. 그런데 이 편지가 소옥 대신 남효문에게 잘못 전달된다. 눈이 뒤집힌 남효문은 어머니와 함께 편지를 아내에게 들이밀며 추궁했다. 남편과 시어머니의 거듭된 닦달에 소옥이 제대로 변명하지 못하자, 불륜을 확신한 남효문이 어머니를 붙잡고 울부짖으며 독한 소주로 화풀이를 하다 죽은 것이다. 사건의 충격적인 내막을 접한 중종은 남효문의 집을 수색해 문제의 편지를 증거로 찾아낼 것과 불륜 당사자인 소옥, 남순필을 잡아들여 고문할 것을 명한다.

그런데 수상한 점들이 속속 드러난다. '내연남'으로 지목된 남순필은 결혼해서 청주에 살고 있었다. 남효문의 친모는 문제의 서신을 직접 본 적이 없으며, 남순필은 남효문 부부의 수양아들도 아니라고 진술했다. 편지 배달에 관여한 시종들은 조사가 시작되자 갑자기 자취를 감춘다. 관련자들을 줄줄이 잡아들여 문책하며 한 달 넘게 수사한 결과, 편지도 소문도 모두 남효문의 아내를 음해하기 위해 조작되었다는 사실이 밝혀진다. 범인은 남효문의 첩인 개질동과 남효문의 누이인 남은대. 평소 소옥을 못마땅하게 여기며 친하게 지내던 둘이 작당해서 불륜 스캔들을 조작해 조강지처를 쫓아내려 한 것이다.

성종 재임기인 1491년, 제주에서도 소주에 얽힌 범상치 않은 스캔들이 있었다. 지금까지 언급한 사대부 집안에서의 불륜 사건과 달리 이번에는 양민이 주인공이다. 주인공만 바뀌었지 양상은 비슷하다. 이제까지 언급한 사건들이 그러했듯 시작은 누군가의 죽음이다. 범인은 제주 대정(지금의 서귀포시 대정읍)에 사는 소은금과 그녀의 내연남 강위량. 형조의 조사에 따르면, 소은금은 사건 당일 미리 준비해둔 소주를 남편에게 자꾸 더 마시라며 부추겼다고 한다. 남편이 만취해 인사불성이 되자 소은금은 내연남과 함께 남편을 몽둥이로 마구 때려 숨지게 했다. 성종은 강위량에게 참수형을 선고했고, 소은금에게는 훨씬 가혹한 능치처사(머리, 양팔, 양다리 등 몸의 여섯 부분을 찢어 죽이는 형벌)를 명했다.

아래 문장을 소리 내어 읽어보자.

여기 소주 한 병이요!

소주를 '소주'로 발음하는가, '쏘주'로 발음하는가? 소주를 곧이곧대로 '소주'라 발음하는 건 아나운서뿐이지 않을까? 일상 대화에서는 '쏘주' 쪽이 친숙하다. "여기 소주 한 병이요"라며 된소리를 애써 순화시키는 것이 더 어색하다. '고추'와 '꼬추'처럼, 소주는 표기와 발음에 괴리가 있는 말이다. 표준어로는 '소주'라 쓰고 말하는 게 맞지만, 왠지 '쏘주'라고 발음해야 특유의 까칠한 목 넘김이나 강렬한 알코올 향이 잘 표현되는 듯하다.

그런데 '소주'라는 표기와 발음은 20세기 들어 정착된 것이다. 원래 소주는 '쇼쥬'라 쓰고 발음했다. 1898년 9월 14일《독립신문》에 실린 〈민씨 졸경(민 씨가 혼쭐이 났다)〉이라는 기사를 보자.

리헌직씨의 아들 리참봉 승규씨가 김교관 두한씨를 싸라 슈월루에 가셔 긔싱 씨고 쇼쥬를 만히 먹은 싯둙에 어린 쇽에 졈즌 흔 쇼쥬 불이 이러 혼도 ᄒ야 죽고 씨지 못 ᄒ 거늘…….

(이헌직 씨의 아들 이승규 참봉이 김두한 교관을 따라 수월루에 가서 기생 끼고 소주를 많이 먹은 까닭에 어린 속에 점잖은 소주 불이 일어나 쓰러져서 죽고 깨지 못하거늘…….)

19세기 외국에서 발간된 한국어 학습서에서도 '쇼쥬'를 찾아볼 수 있다. 선교사 존 로스John Ross* 가 1877년 발간한 한국어 입문서《Corean Primer》에는 '불이는 쇼쥬 디우난 누

* 　중국 만주와 한국에서 선교 활동을 한 스코틀랜드 연합장로교 소속의 선교사. 1873년 한국과 만주 접경지에 머무른 것을 계기로 한국에 관심이 생겨 한국어 입문서와 문법서, 한국사 책, 최초의 한국어 번역본 신약성경 등을 집필했다.

룩을 민딘다(보리는 소주 띄우는 누룩을 만든다)'라는 예문이 실려 있다. 많은 외국어 학습서가 그렇듯 이 예문에는 어떻게 발음하는지도 알파벳으로 병기됐다. 'borinun siojoo dioonan noorooghul mendinda.' 쇼쥬를 'siojoo'로 발음했음을 알 수 있다.

한편 일본에서 18세기에 편찬되어 근대까지 사용된 한국어 학습서《교린수지交隣須知》에서도 '쇼쥬'를 찾아볼 수 있다. 이 책은 여러 버전의 필사본과 간행본이 남아 있는데, '쇼쥬는 독흔 거시미 과히 먹지 마옵소(소주는 독한 것이니까 지나치게 먹지 마시오)'나 '쇼쥬는 독흔 거시기에 과히 먹지 마옵쇼' 같은 예문이 나온다. 예문으로 소주를 조심하라는 경고를 듣다니, 일본인들에게 조선소주가 어지간히도 독했던 모양이다.

'쇼' 대신 '소' 표기가 등장한 건 1906년 무렵이다. 한국인과 일본인이 합자해 설립한 인천의 '인항일한소쥬합자회샤'가 1906년《제국신문》에 소주 광고를 내면서 '소쥬'라고 썼다. 그렇다고 해서 표기가 완전히 달라진 건 아니다. 과도기였던지 다양한 표기가 함께 사용됐다. 구어에 '소주' 발음이 등장하면서 혼용됐던 것으로 추정된다.《매일신보》만 해도 1915년 한 해에만 '쇼쥬', '소쥬', '소주'를 골고루 썼다. 심지어 같은 기사

《Corean Primer》에 실린 예문.
한국어 발음을 차용해 'soju'라 표기하는 지금과 달리
쇼주를 'spirit'(증류주, 알코올 등을 뜻한다)이라 적고 있다.

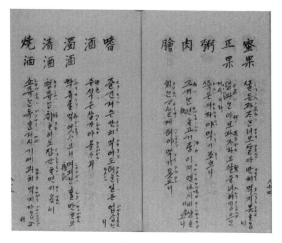

《교린수지》에 예문으로 실린
'쇼쥬눈 독흔 거시기에 과히 먹지 마옵쇼'

에서도 제목에는 '쇼쥬'를 본문에는 '소쥬'나 '소주'를 쓴 경우가 있다. 1920년대에 이르면 '쇼쥬'는 사라지고 '소쥬'나 '소주'로 표기된다. 마침내 지금과 같은 표기가 표준어로 자리 잡은 것은 1957년, 한글학회가 편찬한 《조선말 큰사전》에 '소주'로 등재되면서다.

그렇지만 누가 짜장면을 자장면이라 발음하겠는가. 표준어는 소주로 등재됐다지만 구어에서는 된소리가 자연스럽다. 더욱이 소주라는 발음은 너무 순해 제맛이 안 나서인지, 꼭 표준어를 준수하지 않아도 되는 문학작품 속에서는 쏘주나 쐬주 같은 단어가 곧잘 쓰였다. 1970년대 이후 '쏘주'의 사용이 빈번해지자 국어학계에서는 우려의 목소리가 높아진다. 된소리를 자주 발음하면 국민 심성이 거칠어질 수 있다는 논리였다. 어처구니없는 말이지만, 한국어 욕설에 쌍시옷 같은 된소리가 많다는 점을 떠올려보면 이해하지 못할 논리는 아니다.

그러나 어찌하랴. 국민 대다수를 차지하는 서민들이 고운 심성을 유지하며 순박하게 살 만한 나라가 아닌 것을. 참혹했던 한국전쟁이야 말할 것도 없고, 혹독한 독재, 치열한 경쟁, 심각한 양극화로 버무려진 게 한국의 근현대다. 이제 세계 10위권의 경제대국이 됐다고 자부하지만 서민들의 삶은 여전히 팍팍하다. 왕따 걱정, 성폭력 걱정, 취업 걱정, 집 걱정까지……. 현실이 이러한데 소주를 '쏘주'라고 속 시원하게 부르지도 못한다면, 답답한 마음에 소주 한 잔 더 마실 듯하다. 더구나 상류층이 마시던 옛날의 '쇼쥬'와 달리, 지금의 '쏘주'는 주로 서민들이 마시는 술 아닌가. 서민의 독한 삶에는 '소주'보다야 '쏘주'가 어울린다.

최초의 소주 광고

한반도 최초의 근대식 광고는 1886년 2월 22일 《한성순보》에 실린 독일계 무역회사 세창양행의 광고다. 그로부터 10년이 지난 1896년, 민영 일간지인 《독립신문》이 창간하면서 본격적인 광고 시대가 열렸다. 민영신문이라 제작 및 운영에 광고비 비중이 높아져 자연스레 광고 섹션이 커졌고, 이에 광고대행사가 설립되는 등 광고 산업 인프라가 생성된 것이다. 소주 광고가 처음 신문에 실린 것도 이 무렵이다. '명동 조일주장朝日酒場'이라는 양조업체가 1900년 6월 13일 《황성신문》에 게재한 '조일소주朝日燒酒' 광고다.

조일소주 큰 병은 한화 40전, 작은 병은 한화 20전

이 소주는 저희 주장酒場에서 올해 새로 담근 것인데, 그 맛이 가장 깔끔하면서 위생적으로도 제일 유익한 양질의 술이라, 서양에서 제조하는 브랜디는 운반비, 관세, 잡다한 세금 등의 비용이 들어가기 때문에 품질이 떨어져도 그 값은 비싼 반면에, 이 조일소주는 대한국 경성 명동 조일주장에서 양조하니까 그런 비용이 들지 않아서 그 품질이 뛰어난데도 가격은 대단히 저렴하니, 온 동네 신사 여러분께서는 맛을 보시면 품질이 뛰어나고 가격이 저렴한 점을 익히 아시게 되리오리다.

조일소주는 소주에 상품명을 붙인 한국 최초의 브랜드 소주이기도 하다. 광고 문구를 읽어보면 서양 증류주인 브랜디보다 가성비가 탁월하다는 점을 내세우고 있다. 대한제국 시기 유럽 국가들과 교류하면서·양주가 수입됐음을, 이렇게 들어온 양주가 주류 시장에서 소주의 경쟁 상대가 됐음을 알 수 있는 대목이다. 조일주장은 이듬해인 1901년에도 신문에 조일소주 광고를 싣는데, '작년보다 특별히 개량'했음을 알리고 있다.

그런데 이 조일주장은 일본인 야마자키 도요타로山崎豊太郎가 설립한 일본계 양조업체다. 대한제국 수도 한성(서울)의

1905년 4월 24일 《황성신문》에 실린 소줏고리 광고.

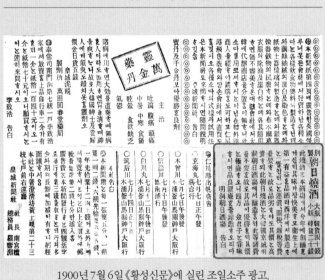

1900년 7월 6일 《황성신문》에 실린 조일소주 광고.

명동 신작로에 점포가 있었으며, 명동에서 멀지 않은 남산 부엉바위 약수터에서 물을 떠다가 술을 담갔다고 한다. 정확한 설립 시기는 알 수 없으나 1890년대 초중반에 술 제조 및 판매를 시작한 것으로 보인다. 1898년 신문에 게재한 청주 광고 중에 '조일주장은 수년 전부터 청주를 만들어'라는 문구가 나오기 때문이다. 1898년부터 1903년까지 신문광고를 330여 회나 게재한 점을 보면 자금력을 갖춘 업체였을 것이다. 야마자키 도요타로는 1903년 후계 없이 사망했는데, 다른 일본인에게 양조장이 인수된 뒤로는 더 이상 양조장이나 조일소주 광고를 게재하지 않았다. 어쨌든 조일주장이 직접 제조한 소주와 청주에서부터 유럽산 맥주, 일본산 청주 등 여러 종류의 수입 술을 판매했다는 사실로 미루어 보아, 규모가 상당했음을 짐작할 수 있다.

조일소주의 등장은 한국 소주 문화에 변화를 예고했다. 조선 시대에 소주는 왕실 진상품이거나 가정집, 기방, 주막 등에서 만든 가양주 위주였다. 전통 증류 도구인 소줏고리를 이용한 제조 방식은 비슷했지만 재료는 물론 맛이나 향, 도수가 지역마다 가게마다 집집마다 달랐다. 품질에도 차이가 있었다. 왕실이나 사대부 집안에서 마시는 소주는 당연히 최상품이었던 반면, 대충 만든 저질 소주도 적지 않았다. 주로 지역 내에서 소비되는 시스템이라 유통 범위가 협소했으며 제조되는 양역시 적었다. 반면 조일소주는 자본력을 갖춘 업체가 일정한 규격에 따라 비교적 많은 양을 생산해 정량을 정가로 판매했다. 게다가 위생, 가성비 등 브랜드 이미지를 구축해 신문 광고를 꾸준히 내면서 인지도를 높였다. 영세한 규모로 제조, 판매되는 조선소주는 경쟁력 면에서 밀릴 수밖에 없었을 것이다.

소주만 그랬던 게 아니다. 잘 알려져 있다시피 메이지유신 이후 일본은 국가적 차원에서 서구식 근대화를 추진해 탈바꿈에 성공했다. 같은 시기 조선은 쇄국을 고집하다 전근대적 봉건국가로 뒤처져버렸다. 일본은 그 약점을 파고들어 야금야금 조선을 침탈했다. 식민지로 전락한 건 1910년의 일이지만, 경제권은 한참 전인 1876년 강화도조약을 계기로 일찌감치 넘어가고 있었다. 이 기회를 포착한 일본인들은 일확천금을 꿈꾸며 조선으로 속속 들어왔다. 조일통상장정이 체결된 1883년에는 조선에 거주하는 일본인 인구가 이미 4000명을 넘어섰다. 그들은 근대식 시스템과 경제력을 앞세워 조선의 취약한 상공업 및 어업 분야를 선점하고는 돈 될 만한 것이라면 모조리 챙겼다. 19세기 말 일본 정부가 측량이나 시찰을 빙자해 조선 곳곳을 누비고 다니며 농축수산업, 상공업 현황 등을 치밀하게 조사하고 분석한 각종 실태 보고서는, 일본인 사업가들의 투자 참고자료로 요긴하게 쓰였다. 야마자키 도요타로 역시 조선인의 술 소비량이 높은 점에 착안해 명동 조일주장을 설립했을 것이다. 이런 식으로 조선의 모든 산업 분야가 일본에 서서히 잠식됐다. 일본 정부의 적극적인 후원도 큰 역할을 했다. 명동 조일주장만 보더라도, 1902년 무허가 전화선 설치 문제로 한성부(지금으로 치면 서울시청 같은 기관이다)와 갈등을 겪을 때 일본 공사가 직접 나서 문제없다는 식으로 비호해준 바 있다.

1900년도의 조일소주 광고는 왜소주倭燒酒 시대의 도래를 예고하는 신호탄이었다. 이때 광고에 장점으로 내세웠던 위생과 가성비는 훗날 왜소주가 조선소주를 몰아내는 논리에 그대로 활용된다.

기계 소주 시대가 열리다

20세기 초, 지금은 일민미술관이 세워져 있는 세종대로 사거리에는 명월관이라는 요정이 자리해 있었다. 이곳은 1919년 화재로 전소됐는데, 애초에 문을 열었을 때는 2층으로 된 세련된 양식 건물에서 음식과 술을 즐길 수 있는 요릿집으로 유명했다. 그러다 1909년 관기제도가 폐지되면서 갈 곳 없어진 기생들이 서울로 모여들었고, 명월관은 이들을 고용해 요정 영업을 하기 시작했다. 고관대작, 지식인, 부호들이 주로 찾은 곳이니만큼 이곳에서 팔던 술은 약주, 소주에서부터 정종, 맥주, 수입 양주에 이르기까지 상당히 다양했다.

대한제국이 몰락을 앞둔 와중에도 명월관 같은 대형 유흥업소들이 속속 문을 열어 성업했다. 기생집은

명월관 현관. ⓒ수원광교박물관

이전에도 있었지만 주색을 즐기는 문화가 한층 산업화된 것이다. 1900년대 중반 이후 소주 소비가 눈에 띄게 활발해지자 수입업자들은 다양한 일본 소주를 들여와 판촉 경쟁을 벌였는데, 이 과정에서 관세 갈등까지 불거진다. 1906년 8월 25일 《대한매일신보》에 실린 〈일본의 계책日本之計策〉이라는 기사는 일본산 수입품에 면세가 과하게 적용되는 문제를 지적하면서 "군용상 필수품이라 칭하는 물품 중에서도 필요 없는 것이 상당히 많으니, 권연초와 절연초 말고도 맥주, 일본주, 소주 등의 물품은 정당한 군용 필수품이라 칭할는지…"라고 우려했다. 수입뿐 아니라 한반도 내에서의 소주 생산 및 유통에도 불이 붙었다. 조선 전통 방식 소줏고리보다 생산량을 두 배 늘렸다는 개량식 소줏고리가 나오는가 하면 약방에서도 소주를 팔았다. 치열해진 소주 판매에 일본인뿐 아니라 한국인 상공업자들까지 가세했다. 1906년 인천에서는 한국인과 일본인이 공동 투자한 인항일한소주합자회사가 설립됐는데, 당시 이 회사가 내세웠던 홍보 문구가 남아 있다. 일본산 소주가 한국 소주에 비해 더 좋은 술로 평가받았음을 알 수 있는 문구다. "극상품極上品 일본 소주와 한국 상품上品 소주까지 구비하옵고 저렴한 가격에 판매하오니…"

그럼에도 지방에서는 여전히 가정이나 주막, 동네 양조장에서 만든 소주, 막걸리, 약주가 많이 팔렸다. 일제로서는 못마땅한 일이었다. 술이 주요 세금원인데 가양주는 얼마나 빚어 얼마나 팔렸는지 파악하기가 어려우니 세금을 마음껏 뜯어갈 수 없었기 때문이다. 재한일본인 술장수들의 판로 확대가 방해받는 것 역시 불만 요인이었다. 이에 일제는 조선 가양주 말살과 일본 술 장려 계획을 단계별로 시행한다. 1905년부터 실시한 한국의 술 제조 및 유통 현황 조사를 토대로 1909년 주세법을 공포한 게 시작이었다. 이 법에 따라 모든 가양주에 대한 면허제 및 신고제가 시행된 한편, 세금을 차츰 올리는 조치가 이뤄진다. 1916년엔 판매용이 아닌 자가 소비용 가양주에 대해서까지도 세금을 대폭 인상하는 등 규제를 한층 강화한 주세령을 공포한다. 1919년 이후에는 영세업자의 소규모 생산을 사실상 금지시켜 대형 주류업체의 시장 점유가 유리하게끔 주세령을 계속 개정해나갔다.

이런 상황 속에서 한국 농가의 주세 부담은 1910년 16만 2000원에서 1920년 436만 원으로 30배 가까이 치솟았다. 하지만 이는 시작에 불과했다. 1920년대 들어 일제의 주세 착취는 더욱 심해져서 1927년 약 800만 원에 달한 주세는 한반도에서 거둔 세금 중 3위를 기록했다(1위는 토지세였다). 세금 폭탄에 못 이겨 직접 술을 빚는 대신 사 마시는 문화가 서서히 정착함에 따라 주세 수입은 가파르게 늘어났다. 대규모 양조장에서 생산하는 시판 술과 달리 가양주에는 '자가용 주세自家用酒稅'라는 세금을 별도로 물렸기 때문이다. 소주의 경우, 1916년만 해도 생산량 5두 미만 1원, 5두 이상 2원이었던 자가용 주세가 1927년엔 생산량에 상관없이 10원으로 올랐다.[4] 그러니 술을 집에서 직접 담가 마시는 것보다는 가게에서 사 마시는 편이 더 싸게 먹히게 된 것이다. 아울러 1922년부터 3년간 10만 297명의 영세 양조업자 및 자가용주(가정용 술) 양조가가 면허 취소를 당한다. 가양주 문화는 내리막길을 걸었고, 결국 고려 때부터 전해진 전통 소주 상당수가 사라지고 만다. 그렇게 한반도 소주 시장은 일본 자본이 만든 왜소주에 점령당했다. 소주의 한자 표기도 '燒酒'에서 일본식 표기인 '燒酎'로 바뀌었다.

일제는 세금 부과, 면허 의무화 등 제도적으로만 왜소주에 힘을 실어준 게 아니다. 시장을 장기적으로 집어삼키려면 이런 강제적 조치로는 한계가 있었다. 생산자나 소비자 스스로 왜소주를 선호하게 만들어야 했다. 1909년, 일제는 탁지부度支部(대한제국 시기 재정을 관리하던 관청) 산하에 양조 생산성 향상을 연구하는 양조시험소를 설치한다(이는 강제병합 직후인 1910년 11월 조선총독부로 이관된다). 이어 1911년에 함경남도가 지방정부 차원에서 함흥에 시양소試釀所를 설치해 '개량법' 소주 시양(시험 양조)에 나선다. '개량법'이란 일제가 새로 개발한 소주 제조 방식으로, 기존 제조 방식은 '함흥법'이라 구분해 불렀다. 이듬해인 1912년에 시양 성적이 발표됐는데, 개량법은 함흥법에 비해 원료비가 10% 이상 절감됐을 뿐만 아니라 생산량이 30% 이상 늘었다. 향이나 알코올 도수(40도)는 비슷했다.[5] 일제는 이에 그치지 않고 소주 원료인 쌀에 기장을 섞거나 소줏고리 대신 냉각기를 사용하는 등 생산비 절감 방안을 꾸준히 연구한다. 비싼 누룩은 적게 쓰고 물을 많이 넣어 35도로 낮춘 순한 소주(이때만 해도 35도가 순한 소주였던 것이다)도 개발했다. 이런 준비 과정을 거쳐 주세령 발표 시점에 '집약적 양조' 시스템을 완성시킨다. 1918년 조선총독부 기관지《매일신보》에 실린 기사를 보면, 일제가 조선소주를 배척하고 왜소주를 확산시키는 데 얼마나 공을 들였는지 짐작할 수 있다.

조선소주 개량

조선인이 소비하는 소주는 본래 판매자가 양조업을 겸하고 있다. 다시 말해 주막은 양조업자이면서 판매자이기 때문에 생산량도 매우 적어 겨우 10석 내외에 불과하다. 이러한 소규모 양조는 당연히 양조비가 많이 들고 제품도 질이 떨어지기 때문에 이를 개선하려면 대규모로 집약적인 양조를 해야만 한다. 함경남도에서는 이에 주목해 2~3년 전부터 각 군에 널리 집약적 양조를 실행토록 하였다. 성적은 상당히 양호했다. 최초로 본 계획을 실시하자 해당 업자뿐 아니라 일반 소규모 양조업자가 일자리를 뺏긴다며 반대하였다. 그러나 실제 결과는 대규모 양조업에 따른 경비 절감과 양조법 개량에 의한 품질 향상으로 기존보다 가격이 저렴해지고 또한 우량한 것을 판매자에게 공급하게 되어 판매자는 물론 일반 소비자에게도 크게 이익이 되는바, 최근에는 각 군에서 이를 실행하고 있어 양조업자는 200~300석부터 1000석 안팎의 많은 양을 양조함에 이르렀다. 원래 판매자가 양조하면 대규모 양조를 하는 경우보다 경비는 대단히 많이 들고 품질도 불량함은 명백하나 그들은 양조비를 계산하지 않고 다만 매출액만을 따짐으로써 이러한 불이익을 이해하지 못한다. 하지만 자연스레 변화가 진행되면 자가양조의 불이익을 깨닫게 되어 집약적 양조의 실현을 보게 될 것이다. 조선소주의 개선은 결국 이 집약적 양조를 실시해야만 개량에 성공할 것이다.

기사에서 언급하듯 집약적 양조는 기존에 비해 20~100배 많은 소주를 생산하는 대량 생산 체제를 가리킨다. 그런데 이런 대량 생산에 적합한 시설을 갖출 수 있을 만큼 부유한 양조업자는 대부분 일본인이었다. 동네 구멍가게가 대기업이 운영하는 대형마트를 이기지 못하듯, 한국인 영세 양조업자들은 왜소주를 대량 생산하는 일본인 사업가들을 당해내지 못했다. 더욱이 일제는 왜소주를 신식 소주 혹은 기계소주라 부르며 세련되고 혁신적인 이미지를 부여했다. 반면 조선소주는 구식 소주, 재래 소주라 불리며 구닥다리 취급을 받았다.

이렇게 공장에서 생산된 소주의 역사는 100년 남짓하다. 소주 관련 문헌이나 언론 기사에서는 한국 최초의 소주공장이 1919년에 설립됐다고 언급된다.《한국민족문화대백과사전》 역시 "1919년에 평양에 알콜식 기계소주 공장이 세워지고 이어 인천·부산에도 건설"됐다고 기록하고 있다. 그런데 왜소주 관련 자료를 뒤지던 중 조선총독부가 1935년에 발간한《시정 25주년 기념 표창자 명감》에서 사이토 규타로齋藤久太郎가 1918년 평양에 기계소주 제조 공장을 설립했다는 기록을 발견했다. 1935년에 조선총독부는 강제병합 25주년을 기념하여 식민통치에 기여한 이들을 표창했는데,《시정 25주년 기념 표창자 명감》은 바로 그에 대한 기록이다(여기에는 을사늑약을 강요하며 조선 침략에 앞장선 이토 히로부미를 비롯해 이완용 등 친일파 가 대거 포함됐다). 이 기록대로라면 오늘날 한국인이 마시는 희석식 소주의 원형인 기계소주가 등장한 건 기존에 알려진 것보다 1년 앞선 1918년이 된다.

평양에 있던 사이토주조합명회사 공장 전경.

물론 공장에 관련된 정보가 거의 없어 시기에 관해서는 여전히 불명확한 점이 있다. 다만 사이토 규타로는 1918년 4월 자본금 2만 엔을 들여 평양에 사이토주조합명회사라는 양조업체를 설립하고 사이토주조장을 운영했다. 이 회사가 설립 당시 어떤 주종을 생산했는지에 관한 기록은 없는데, 1920년대 이후의 대표 상품은 '금천대'라는 청주였다. 만약 이곳을 설립할 때 소주 양조 기계를 들여놓았다면 1918년부터 기계소주를 생산했다고 볼 수 있다. 한데 사이토 규타로는 1년 뒤인 1919년 4월, 소주 생산을 전문으로 하는 조센소주주식회사를 따로 차려 소주공장을 세운다. 자본금은 사이토주조합명회사의 25배인 50만 엔. 11월부터 본격적인 소주 생산에 들어갔다. 이 공장에 대해서는 비교적 구체적인 기록이 남아 있다. 당시 만주 다롄의 증류주 공장에서 널리 쓰이던 독일식 기계와 25마력 엔진을 도입했으며, 공장 안에는 제품 운반의 편의성을 고려해 레일도 설치돼 있었다고 한다. 나름 첨단 시스템이었던 것이다.

공장제 왜소주 시대의 문을 연 사이토 규타로는 1894년에 한반도로 건너와 일본에서 수입한 도정기 다섯 대로 인천에서 도정상을 겸한 잡화상을 운영했다. 이후 평양으로 이주해

무역업을 시작한 뒤 한반도 전역과 만주 곳곳에 사업체를 마련한 그는 정미, 금융, 제분, 제직, 양조, 부동산 등 사업을 문어발식으로 확장하며 돈을 쓸어 모았다. 그중에는 한국산 쌀 수출도 끼어 있었다. 좋게 말해 쌀 수출이지, 실질적으로는 쌀 수탈이었다. 사이토 규타로는 평안도, 황해도, 전라도, 충청도 등 전국 각지에 대농장을 거느리며 조선인 소작농을 착취했다. 1925년 황해도에 소유한 농장에서 소작인 70여 명에 대한 소작권을 취소해 분쟁에 휘말린 적도 있다. 악랄한 부자들이 대개 그렇듯 돈 냄새 맡는 능력 하나는 탁월했다. 이미 말했듯이 그의 첫 사업은 도정기를 활용한 도정업이었다. 도정기로 톡톡히 재미를 봐서인지 그가 벌인 사업 중에는 방직공장, 제분공장 등 기계 생산에 기반한 것이 많았다. 조선의 상공업 수준이 전근대적이라 모든 산업 분야에서 기계가 부족했던 취약점을 파고든 것이다. 말하자면 사이토 규타로는 첨단 기계 문명의 수혜자였다. 평양에 양조공장을 짓고 기계소주를 생산하기 시작한 것도 그런 맥락에서다.

기계소주의 등장으로 왜소주와 조선소주의 생산성 격차는 커질 수밖에 없었다. 조선총독부 기관지인《매일신보》까지 이 문제를 다룰 정도였다. 1923년 5월 29일에 실린 기사 〈평양

제 소주의 장래〉는 일제의 주류 제조 및 검사 당국자를 인용해 "조선인은 많은 양의 소주를 마시면서도 술의 제조·판매 이익은 일본인이 점령했다"며 "조선인 양조업자도 한층 각성하여 대대적인 개량과 견실한 제도로써 업계의 선각자가 돼야만 한다"고 보도했다.

사이토 규타로의 조센소주는 1925년 발생한 폭발 사고로 공장이 붕괴된 뒤 사이토주조합명회사에 합쳐졌다가 1927년 ㈜다이헤이大平소주로 다시 분사했다. 이후 월선月仙과 영월英月소주를 선보인다. 흥미롭게도 월선이라는 상품명은 임진왜란 당시 왜장의 암살을 도운 평양 명기 계월향의 본명에서 따온 것이었다고 한다. 일본인이 만들어 판 왜소주에 이런 이름이 붙여진 걸 보면, 소주 소비층이 거의 한국인이었음을 짐작할 수 있다. 돈이라면 물불 안 가린 그들의 장삿속도 알 만하고.

어쨌든 월선은 100% 기계로 생산한 반면, 영월은 기계식과 조선 전통 방식을 반반씩 조합해 양조했다. 이렇게 영월을 따로 빚은 건 알코올 냄새만 강한 기계소주를 꺼리고 조선소주 특유의 풍미를 찾는 애주가들을 고려했던 게 아닌가 싶다. 다이헤이소주는 이들 제품을 내세워 1928년 한반도 소주 시장

試驗室之一部

工場之全景

汽罐室之一部

製品之一部

廣間室之一部

機械輪船タク車中ニ精込ノ實況

於大同江原料搗積之實況

罐詰之實況

三四

평양 다이헤이 소주공장으로,
《조선주조사》에 실린 사진이다.

技師長　齊藤二郎氏　　　社長　吉田秀次郎氏

朝日釀造株式會社　釀酒工場

朝日釀造株式會社

인천에 소재한 조일양조주식회사의 소주 공장으로,
《조선주조사》에 실린 사진이다.

의 약 11%를 점유한다. 경성, 목포, 군산에 지점을 내는 등 유통망을 넓힌 게 전국적으로 인기를 얻은 비결이었다. 기계소주에 대한 관심이 높아지자 다이헤이소주는 자신들이 조센소주를 계승한 '조선 기계소주의 원조 본가'라고 홍보한다. 요즘은 개성 있는 수제가 획일화된 공장제보다 더 대접받는 분위기인데, '공업주의'라는 말까지 있

1927년 6월 28일《조선신문》에 실린 금강소주 광고.

었던 그때는 달랐다. 공장에서 기계로 생산된 제품이 시대를 앞서가는 것으로 받아들여졌고, 동경 받았다.

기계소주가 널리 보급되면서 재한일본인 사업가들은 소주 회사와 공장을 속속 차린다. 가장 발 빠르게 움직인 곳은 아사히양조다. 경성 명치정明治町(지금의 서울 명동)에서 양조장을 운영하던 아사히양조는 1919년 8월 주식회사로 전환하고 인천에 부지를 매입해 소주공장을 짓기 시작한다. 1920년 9월,

공장이 준공된 뒤 본사도 경성에서 인천으로 이전했다. 아사히양조가 선보인 금강金剛소주는 경성, 인천 등 수도권 소주 시장을 장악했고, 이에 힘입어 1925년 공장을 대대적으로 증설한다. 아사히양조는 소주 브랜드명 공모전이나 무료 시음회를 열고, 비행기로 광고 전단을 공중에 살포하고, 프로 축구단을 창설하는 등 당시로서는 파격적인 마케팅을 잇따라 선보이며 제품 인지도를 높였다. 각종 주류 품평회에서 상을 휩쓴 것도 브랜드를 널리 알리는 데에 한몫했다. 원조 기계소주인 월선소주를 누르고 한반도 소주 시장 1위에 오른 금강소주는 연고지 한계를 넘어 한반도 전역에 유통된다. 상하이, 만주 일대 등 중국에 수출도 했다. 인기가 얼마나 대단했던지, 지방의 영세 양조업자들이 금강소주 공병으로 '짝퉁 금강소주'를 만들어 파는 일이 종종 발생할 정도였다.

왜소주의 기쁨과 슬픔

1919년 3·1운동을 계기로 한국인의 민족의식과 일제에 대한 저항의식이 거세진다. 국권 침탈 이후 10여 년간 날로 심해진 일제의 경제적 수탈이 가장 큰 원인이 됐다. 이러한 분위기 속에 한국의 민족운동은 민족주의 계열과 사회주의 계열 두 갈래로 갈라진다. 지금까지 이어지는 한반도 분단과 이념 갈등의 싹이 이때 태동한 것이다.

지식인, 대지주 등 엘리트 집단이 주도한 민족주의 계열은 조선물산장려운동으로 일제에 저항했다. 이들은 민족 경제 발전을 위해 편의성이나 품질이 떨어져도 조선 토산품을 애용할 것을 주장했다. 재한일본인이 만들어 파는 왜소주 같은 공산품이나 수입품을 구입할수록 식민 치하의 가난에서 벗어날 수 없게 된다는 논리였다. 하지만 사회주의 계열은 이러한 움직임이 자본가 계급의 밥그릇 지키기에 불과하다고 반박했다. 토산품을 팔아 번 돈은 고스란히 조선인 자본가들에게 돌아갈 뿐, 노동자의 이익과 무관하다는 주장이었다. 이들은 조선물산장려운동이 계급을 철폐하고 노동자가 주체로 서는 프롤레타리아 혁명에 방해 요인일 뿐이라고 지적했다.

실제로 당시 민족주의 계열 민족운동가 중에는 자본가 계급이 적지 않았다. 한국인의 공산품 및 수입품 선호 풍조가 그들의 생계를 위협했던 것이다. 소주 시장만 보더라도 왜소주가 잘 팔릴수록 조선소주 판매량은 떨어질 수밖에 없었다. 일제의 대대적인 면허 취소에 기계소주 판매 증가까지 겹치면서, 중산中産 자본가에 속한 조선인 양조업자들은 줄줄이 폐업한다. 민족 잡지《개벽》이 1923년 조선물산장려운동의 필요성을 강조한 논설에도 다음과 같은 내용이 나온다.

인천에 일본인의 소주 양조공장이 생겼다. 그 공장에서 조선인의 가양소주의 반가(반값)로 소주를 발매한 지 불과 삼사개월에 인천 내의 조선소주는 절종되고(사라지고) 말았다. 조선인의 소자본, 소규모, 미숙련한 기술로 하는 기계공업이 또한

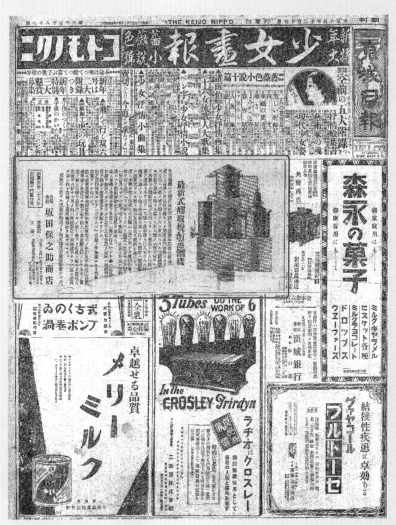

1925년 12월 17일 《경성일보》에 실린
소주 증류기 광고.

이와 같은 것이다. 이리하야 조선인은 의복, 음식, 일용품을 거의 전부 조선인 이외인以外人(외국인)의 손에서 사들이게 되었다.

인천에 생긴 '일본인의 소주 양조공장'은 앞서 언급한 아사히양조의 금강소주 공장을 가리키는 것으로 보인다. 규모의 경제가 빚어낸 '반값 소주'는 시장에 나온 지 겨우 3~4개월 만에 인천 내의 조선소주를 절멸시킬 정도로 무시무시했다. 독한 술을 선호하는 주당들이야 반가워했을지도 모르겠다. 막걸리나 약주보다 도수가 훨씬 높은 소주를 반값에 사 마시고 취할 수 있게 됐으니까. 민족주의 운동이 확산되던 1920년대 초중반에 왜소주 판매량은 오히려 증가한 사실을 봐도 당시 상황이 어땠는지 알 만하다. 조선물산장려운동은 결국 실패로 끝났고, 왜소주는 시간이 흐를수록 더욱 대중화된다. 김동리의 단편소설 〈산화〉(1936)에도 이를 짐작케 하는 대목이 있다.

특히 이 가게가 동네 사람들을 끄는 것은 그 '고뿌(컵) 술'이란 거다. 양조 회사가 생긴 이후로 술이라면 전혀(늘) 사 먹게 되니 그 부드럽고 배부른 막걸리를 마음 놓고 먹을 수가 없다. 부드러우니만큼 많이 먹어야 하고 많이 먹으려니 돈이 헤프다. 이 수요에 따라 꼭꼭 찌르는 왜소주가 나온 것이다. 막걸리로는 십 전어치나 먹어야 속이 한 번 후련할 것이 소주로 하면 오 전짜리 한 고뿌(컵)면 제법 화끈해진다. 여름으로 논에 물을 대다 숨이 차면 온다, 겨울밤으로 숯굴에 불을 보다 온다, 투전을 하다 온다, 내기를 하다 온다.

"주우타(좋다), 탁배기(막걸리)보다사 참 우에 있다."

"흐, 한 모금을 먹어도 어디라고, 탁배기보다사 위지, 양반이다."

그들은 소주 고뿌(컵)를 기울일 때마다 이 모양으로 칭송을 했다. 그러면 윤 주사 맏아들의 첩도 생긋이 웃으며,

"그러면요, 막걸리보다야 참 정하지요."

하고 주전자를 들어 빈 잔에 다시 부으려고 하면,

"아무렴, 막걸리에서 정기만 뽑아낸 거 아닌가베."

하고 한 잔씩 더 드는 판이었고, 혹 뒷일을 여물게 닦아나가려는 사람들은,

"어떤요, 그만두소, 없는 사람들이 먹구 싶다고 자꾸 먹을 수 있는교?"

하며 거절하는 사람들도 있었다.

이 장면에는 일제강점기 소주에 관한 여러 정보가 담겨 있다. '양조 회사가 생긴 이후로 술이라면 전혀 사 먹게 되니'라는 구절은, 일제의 주세령에 따라 1930년대 무렵이면 이미 가양주가 사라지고 시판품을 사 마시는 음주문화가 정착했음을 보여주고 있다. 도수가 높아 '꼭꼭 찌르는' 왜소주가 순한 막걸리보다 가성비 좋은 대체품으로 선호된 것은 물론, '막걸리에서 정기만 뽑아냈다'거나 '탁배기(막걸리)보다 양반'이라는 대화가 오가는 걸 보면 양질의 술로 인식됐음을 알 수 있다. 또한 동네 술집들이 공장에서 왜소주를 들여와 고뿌(컵) 단위로 팔았으며, 그 고뿌 소주가 가난한 서민들까지 가게에 끌어 모을 정도로 인기 상품이었다는 점도 흥미롭다.

실제로 〈산화〉가 발표된 1936년에 언론들이 이러한 정황을 여러 차례 다룬 바 있다. 6월 30일 《조선중앙일보》에 실린 〈탁주와 소주의 판매 경쟁 격화〉라는 기사는 다음과 같이 전하고 있다.

조선 내 재래의 주류 소비는 남조선의 탁주, 서북조선의 소주가 보편적인 것인데, 근년에 이르러 이 2대 주酒 간에는 점차 경쟁이 진행되어 소주 소비가 증대하고 탁주가 상대적으로

1934년 6월 21일 《조선신문》에 실린
일본산 수입 소주 광고.

감소하는 경향을 보이고 있다. 즉, 탁주는 총 양조량 160만 석에 달하여 제품의 불균일, 업자의 남립濫立(과도한 증가) 등으로 서서히 소주에 잠식되고, 특히 기계소주의 통제 후에는 소주에 수요가 대체되면서, 소주 소비는 올해 50만 석에 달하였다. 총독부 재무국에서는 주세 행정의 입장에서 신중히 대책을 마련하고 있다. 얼마 전의 조선주 통제도 이 현상의 결과인데, 탁주에서 소주로의 소비 전환은 사회정책적 입장에서 주목된다.

탁주(막걸리)는 여전히 소주의 세 배가 넘는 양이 생산될 만큼 대중적인 술이긴 했다. 하지만 탁주 질이 제대로 관리되지도 않는 상황에 기계소주까지 도입되면서 차츰 내리막길을 걷고 있었다. 1936년 8월 16일 《매일신보》에 실린 기사 〈탁주에서 소주로, 농민 기호도 전향〉 역시 이렇게 보도하고 있다.

목포세무서 관내의 1월부터 6월까지 반년간에 조선 탁주 제조고(생산량)는 1만 3984석인데, 작년 동기에 비하면 엄청나게 감소가 되었다. 그 이유는 작년에 비해 소주의 이입移入이 2천여 석 증가한 것이 원인인 듯한데, 탁주의 기호가 소주로 전향하는 한 징조로 볼 수 있다.

1930년대 주류 시장 상황은 크게 달라지고 있었다. '반값 소주'에 소주 시장을 내준 조선소주에 이어, 전통술의 대명사인 막걸리도 위기에 몰린다. 값싼 당밀소주가 등장하면서 소주와 막걸리의 가격 차이가 크게 줄어든 결과다.

일제의 온갖 훼방 속에서도 막걸리는 소주와 달리 주로 한국인이 운영하는 각 지방의 영세 양조장에서 제조됐다. 유통기한이 짧은 막걸리 특성상 지역 내 소비가 대부분이었고 공업화하기도 여의치 않았기 때문이다. 상황이 이러하니 점점 더 많은 사람들이 막걸리 대신 소주를 찾아도 막걸리 양조업자들은 할 수 있는 게 눈물 흘리는 일밖엔 없었다. 반면 입에 풀칠하기도 힘든 마당에 한 푼이라도 값싼 술이 좋은 서민들이야 소주 가격이 내려가니 웃었을 것이다. 하지만 뭐니 뭐니 해도 가장 크게 웃은 쪽은, 어마어마하게 불어나는 왜소주 판매 수익과 주세를 집어삼킨 일본인 사업가들과 조선총독부였을 것이다.

일제는 '세금 착취'라는 뚜렷한 목표를 갖고 왜소주 보급에 적극적으로 나섰다. 반값 소주 열풍에서 보듯이 가난한 식민지 주민이 소주를 더 많이, 더 자주 마시려면 무엇보다 값이 싸야 했다. 일제가 소주 생산비 절감에 몰두한 이유가 여기에 있다. 하지만 이 기조는 독립 이후에도 별반 달라지지 않았다. 소주 생산 방식은 채산성을 추구하는 방향으로 발전하면서 지금에 이르렀다. 술의 맛과 향을 즐기기보다는 취하기 위해 폭음하는 한국인의 음주 관습이 여기에 한몫했다.

앞서 살펴봤듯이, 대량 생산을 실현한 기계소주의 등장은 생산비를 획기적으로 줄였다. 일제는 이에 그치지 않고 재료비 절감을 위해 흑국黑麴 활용에 주목한다. 흑국은 소주 발효 과정에 쓰이는 쌀누룩보다 저렴했기 때문이다. 일본어로는 '구로코우지'라 발음하는데, 1910년 가와치 겐이치로河內源一郎가 아와모리(오키나와 전통주) 양조법을 연구하는 과정에서 상용화한 누룩의 일종이다. 이름대로 거무튀튀한 빛깔을 띠는 이 흑국은 가고시마 특산주인 고구마 소주를 양조할 때에도 쓰인다. 구연산이 함유되어 있어 술덧 산패가 더디기 때문에 더운 지방에서의 양조에 적합하다. 흑국에 대한 왜소주 업자와 일제의 관심은 1928년 1월 26일《경성일보》기사 〈흑국을 이용해 소주 제조〉에 잘 드러나 있다. 이북 지역 소주 시장에서 평양 소주의 경쟁자로 부상한 황해도 소주를 견제하기 위해 평양 당국자와 소주 양조업자가 흑국 활용법을 연구 중이라는 내용이다. 여기에 흑국을 화학적으로 가공하면 생산비를 적게 들이면서도 기존의 쌀누룩과 비슷한 풍미를 낼 수 있다는 설명이 이어지는데, 흑국을 도입한 것이 품질 향상을 위해서가 아니라 채산성에 초점을 맞춘 결과임을 알 수 있다.

1928~1929년에는 경기도, 강원도 등지에서 지방정부가 소주 공장주들을 대상으로 '흑국 응용 양조 강습회'를 여는 등 흑국 보급에 적극 나선다. 이런 노력이 결실을 맺었는지 1930년

황해도 사리원의 왜소주 양조업체 '오하마야大濱屋'가 흑국 소주로 제1회 '전선全鮮주류품평회'(조선주조협회가 주최한 주류 품평 행사)에서 1등상을 수상한다. 조선총독부는 이 소식을 대대적으로 홍보하며 흑국 보급에 더욱 열을 올렸고, 1934년엔 평양에서 흑국이 자체적으로 생산되기에 이른다. 일본산 흑국을 수입하는 데 드는 비용까지 절감하고자 했던 것이다. 1934년 3월 20일,《매일신보》는 아래와 같이 보도한다.

가고시마 종국種麴(누룩)을 몰아내고 평양에서 흑국 제조, 가격도 저렴하고 품질도 양호, 모리森 평안남도 기술자의 연구로

평양부 내의 소주판매조합에서는, 가고시마로부터 종국을 들여오면서 매년 약 1만 5000원에 달하는 거액이 지출되는 현황을 개선하기 위해 흑국 자급자족의 계획을 수립하는 한편, 함경남도 감정실의 모리 기술자가 고심해 연구해온 양질의 종국 제조가 가능하게 되어 올해 1월부터 4월까지 다케우치竹內 상회의 공장에서 1만 6000자루(가격 1920원)를 제조하고, 4월부터 8월까지 3만 2000자루(3840원)를 제조하게 되어, 대동교 동안東岸 전차정류소 부근에 연건평 150평의 구로부쿠로 제조소를 건설하기로 결정하였다. 이에 따라 올해부터 1개년간 9만 6000자루(1만 1520원)를 제조하게 되어 평안남도 내 종국의 자급자족이 가능해지는 한편, 황해도 일부에도 공급이 가능한 규모가 되는데, 일본의 종국 1자루 가격인 15전의 시세에 비하여 20% 저렴한 12전으로 이 흑국을 제조하게 됨에 따라 평양 소주의 평판은 더욱 높아질 것이 예상된다.

흑국을 자체 생산함으로써 재료비를 20% 절감하는 것이 어떻게 소주 평판에 긍정적인 영향을 준다는 건지 이해하기는 힘들지만, 어쨌든 평양에서의 흑국 연구 및 생산은 모두 모리, 다케우치 상회 등 재한일본인들이 주도했음을 알 수 있다. 식민통치하에서 평양 소주는 재료부터 연구, 생산에 이르기까지 일제의 손이 닿지 않은 곳 없는 왜소주가 된 것이다.

이게 다가 아니다. 대형 소주회사들은 흑국에 이어 당밀(사탕무나 사탕수수에서 사탕을 뽑아내고 남은 검은빛의 즙)로 더 큰 원가 절감을 꾀했다. 원래 조선소주는 쌀, 보리 등 곡물이 주원료였다. 그런데 식민 치하 한반도는 만성적인 곡물 부족에 시달렸다. 일제의 선진적인 농기술이 도입됨에 따라 쌀 생산량이 조선 시대보다 늘기는 했지만, 대부분을 일본인이나 친일파

대지주에게 수탈당해서였다. 쌀값이 수시로 폭등하자 일본인 사업가들은 소주 원료로 저렴한 수입 쌀을 썼는데, 여기서 나아가 아예 쌀 대체품으로 당밀에 주목한다. 당시 일제는 또 다른 식민지인 타이완에서 사탕수수 대농장을 운영하며 설탕을 대량 생산하고 있었다. 이 과정에서 부산물로 버려지는 당밀이 늘자, 이를 식민지 한국으로 반입해 소주 원료로 재활용할 방안을 모색한 것이다. 설탕 찌꺼기나 다름없는 당밀은 수입 쌀보다도 값이 쌌다. 일본 본토에서는 전통술을 보호하기 위해 당밀에 과중한 세금을 물려 술 원료로 쓰지 못하게 했지만, 한반도에는 이런 규제가 없었다.

1928년 6월 인천과 타이완을 오가는 해운 직항로가 개통됨에 따라 타이완산 당밀이 대거 유입되기 시작했다. 이어 평양 다이헤이, 인천 아사히, 마산 쇼와昭和 등 메이저 왜소주회사들이 생산한 당밀소주가 시장에 나왔고, 잘 팔렸다. 많은 술꾼들은 독한 기운에 마시는 술로 소주를 찾았지, 맛이나 향에는 크게 개의치 않았다. 원료가 쌀이든 당밀이든 별로 중요치 않았던 것이다. 애초에 쌀 소주와 당밀소주는 판매가는 같았지만 제조비가 약 35% 차이 났다. 쌀 소주 제조업체들은 대개 영세한 규모여서 당밀을 대량 수입할 자금이 없었거니와 당밀에서 주정을 추출하는 데 필요한 기술이며 장비가 부족했다. 경쟁에서 뒤처질 수밖에 없는 처지였다.

이에 1930년 4월, 평양의 소주 양조업자 다섯 명(모두 일본인이었다)이 위원회를 조직해 당밀소주 퇴출 운동에 나선다. 이운동은 인근 지역인 함경도로, 황해도로 번져나갔다가 차츰전국으로 확대됐다. 두 달 뒤인 6월 경성에서 조선소주양조업자대회가 열려(140여 명 정도가 참석했다고 한다) 당밀소주 퇴출을 결의한 한편, 당밀사용금지기성회가 조직된다. 한국인 일본인 가릴 것 없이 폐업 위기에 내몰린 영세 소주 양조업자들이 한목소리를 낸 것이다. 이들은 조선총독부를 항의 방문해당밀소주 규제를 요구하는 진정서도 제출하는데, 이 일을 계기로 당밀소주 찬반 논란이 사회적 이슈로 부상한다.

당밀소주 생산을 이끈 다이헤이 소주의 사이토 규타로(한반도에 기계소주를 도입했던 바로 그 사이토 규타로다)는 이러한 움직임에 대해 "재래소주 업자의 주장은 논거가 희박하다. 신식 기계로 값싼 상품을 만들어내는 당밀 관련 사업은 산업 합리화에 완전히 적합한 것"이라고 반박했다.[6] 조선총독부 역시 진정서가 제출된 지 한 달 만에 사이토 규타로 편을 들면서 당밀소주 폐지 결의 자체가 '부당하다'고 발표한다. 이후 소주공장을 둔 각지 업체들은 너도나도 당밀소주 생산에 나섰다. 1931년에 이르면 당밀소주는 급기야 '신식 소주'라 불리기 시작한다. 졸지에 쌀 소주는 구식 소주로 입지가 추락한다. 한편 당밀소주 생산이 대폭 늘어 경쟁이 치열해지면서 소주 값이 내려갔는데, 이는 소주 시장만이 아니라 막걸리 업계에 큰 타격을 주었다. 소주와 막걸리의 가격 차이가 좁아지면서 소주를 마시기 더 쉬워졌기 때문이다.

이런 상황에서 일제는 일본 재벌기업 미쓰이三井물산을 앞세워 1931년 주요 5개사의 당밀소주 전매제도(신식 소주 공판제)를 도입한다. 이제까지 소주회사들은 생산, 유통, 판매에 이르는 모든 과정을 도맡아 경쟁을 벌여왔다. 그런데 당밀소주는 유통 및 판매 권한이 미쓰이물산에 독점적으로 주어졌다. 자본력을 갖춘 대기업인 미쓰이물산의 유통망은 전국 구석구석까지 뻗어 있었고, 각지의 영세 업체들은 경쟁 상대가 될 수 없었다. 재래소주 업자들의 맹렬한 반대에도 불구하고, 당밀소주를 생산하는 공장주들은 1932년 조선신식소주판매조합을 결성해 전매 범위를 계속 확대해나간다. 1933년엔 신식 구식 가릴 것 없이 경기도, 황해도, 평안도, 함경도, 강원도에서 연간 500석(약 9만 리터) 이상의 소주를 생산하는 대규모 업체들이 미쓰이물산에 유통 및 판매를 위탁하는 '판매통제각서' 가 체결된다. 한마디로 미쓰이물산이 주요 소주 시장을 홀랑 집어삼킨 것이다.

그 결과, 이듬해인 1934년부터 조선 소주업자의 도산이 잇 따랐고 재래소주는 시장에서 더욱 밀려난다.[7] 제2차 세계대전 이 발발해 전시 동원 체제가 본격화된 1939년에는 소주 원료 배급제가 실시된다. 사실상 일제는 한반도에서 소주 생산 및 유통을 처음부터 끝까지 통제하는 '관영소주' 체제를 구축한 것이다. 일제 치하에서 한국인들이 소주를 사 마시는 데 쓴 엄 청난 돈은 모조리 미쓰이물산으로, 일본 정부의 주머니 속으 로 흘러들어갔다. 이후 왜소주는 가격과 위생을, 조선소주는 전통의 맛과 향을 앞세워 경쟁하게 되는데, 대중성 면에서 밀 린 조선소주로서는 힘든 싸움이 될 수밖에 없었다.

이북 소주, 이남 막걸리

다모토리. 당연히 일본어일 것 같은 단어인데, 아니다. 잔에 따라 판매하는 소주나 그런 식으로 소주 장사를 하는 선술집을 가리키는 함경도 방언이다. 앞서 인용한 소설 〈산화〉의 고뿌 소주가 바로 다모토리다. 실제로 다모토리라는 말이 쓰인 소설도 있는데, 1938년 잡지 《삼천리》에 실린 이무영의 〈전설〉이다.

> 그는 일행과 함께 요리점으로 끌려갔다. 그는 전례에 없이 술을 마시었다. 처음 용자가 하더란 말을 함한테서 들었을 때도 옴직 않은 그가 벌써 옛날의 전설이 되어버린 오늘날 이렇게 마음이 설레는 까닭이 우스웠다. 우습다고 생각하면서도 그는 술을 마시고 그 자리에서 일어서 나와가지고도 P를 끌고는 주머

니의 돈을 톡톡 털면서 다모토리로 날을 밝혔다. H시가市街가 다모토리에 취한 듯 팽팽 돈다. 북국의 이른 봄 새벽녘은 용자의 눈보다도 찼다. 이 찬 북국의 새벽거리 눅눅한 전선주를 얼싸안고 준구는 울었다. 어린아이들처럼 엉엉 울었다.

〈전설〉은 상당수 인명, 지명, 기관명 등을 영어 이니셜로 표기했다. 공간적 배경도 북국, 즉 조선 북부 지역의 H시로 나온다. 그런데 H시를 설명하면서 반룡산, 성천강 같은 지명은 그대로 적어놓아 H가 함흥의 약자임을 쉽게 알아차릴 수 있다. 요컨대 위 장면은 주인공 준구가 함흥 방문길에 요리점에서 다모토리를 밤새 마시고 만취해 길거리에서 우는 모습을 그린 것이다. 함흥은 함경도의 중심 도시이니, 작품에서 소주 대신 다모토리라는 방언을 쓰는 것이 어색하지 않다.

함경도뿐 아니라 평안도, 황해도 등 이북에서는 다모토리가 흔했다. 반면 서울을 비롯한 이남에서는 그 시절만 해도 소주가 여름 한철 즐기는 계절 술에 불과했다. '구탕狗湯'이라 부른 개고기 보신탕을 먹을 때 곁들이곤 했는데, 더위를 극복하는 일종의 민간요법이었다. 도수가 높아 조금만 마셔도 몸이 후끈해지는 것을 기력이 회복되는 증상으로 여겼기 때문이다.

병약해진 단종이나 인조에게 신하들이 한여름에 소주를 권한 것도 이런 연유에서다. 남쪽에서는 부드럽고 값싼 막걸리가 대중적인 술이었다.

이 같은 지역적 차이는 일제강점기 각종 문서에 기록돼 있다. 1924년 중추원*이 작성한 조선 식문화에 관한 보고서는 "술은 소주, 약주, 탁주 등 여러 종류가 있는데 황해도, 평안남북도, 함경남북도에서는 소주를 일상적으로 마시고 경성 이남 지방에서는 약주, 탁주를 일상적으로 마신다"고 적고 있다. 1935년 조선주조협회가 발간한 《조선주조사》의 1933년 주세 현황 자료를 보면, 술의 남북 분단은 뚜렷하다 못해 극단적이기까지 하다. 중부(수도권, 강원, 충청), 영남, 호남 지방에서는 막걸리가 압도적인 비율로 1위를 차지한 데 반해(소주는 2~3위였다) 평안도, 황해도, 함경도에서는 소주가 주세의 대부분을 차지하고 있으며, 막걸리는 청주나 약주에도 밀린다. 수치로 비교하면 더욱 놀랍다. 중부에서는 막걸리가 80%, 소주가 6.8%를 차지했는데 평안도·황해도에서는 정반대로 소주가 90.6%,

---

* 1910년에 설립된 조선총독부 자문기관. 대한제국의 전직 관료, 유력 인사 중 친일파들이 소속되어 한국의 관습 및 제도 등 정보를 조사, 일제에 제공했다.

막걸리는 (놀랍게도) 0%다. 영남(막걸리 87.9%, 소주 6.3%), 호남
(막걸리 88.2%, 소주 3.2%)과 함경도(소주 91.8%, 막걸리 2%) 역시
차이가 극명하다.

　이남에서도 소주 소비가 꾸준히 늘어나기는 했지만, 지금
처럼 대중적인 술로 자리 잡은 건 한국전쟁 이후다. 술 하면 당
연히 소주인 이북에서 피난민과 함께 소주 문화가 월남한 것
이다. 서울 해방촌을 배경으로 이북 실향민들의 삶을 담은 영
화 〈혈맥〉(1963)의 한 장면에서도 이를 엿볼 수 있다. 등장인물
중 한 명인 함흥댁은 (이름에서 드러나듯이 함흥 출신인 그녀는 걸쭉
한 함경도 사투리를 쓴다) 다리 위에 노점을 차려 세 식구를 먹여
살린다. 노점이라고는 해도 소반 위에 소주와 막걸리 됫병을
하나씩 올려놓고서 술과 안주를 파는 정도다. 손님이 찾으면
사발에 소주나 막걸리를 따라주고 잔 단위로 돈을 받는다. 다
모토리다. 함흥댁이 그러했듯 당시 많은 실향민 여성들은 남
한에서 음식과 술을 팔아 생계를 이어갔다. 이런 식으로 소주
는 전쟁 직후 냉면, 순대, 만두 같은 이북 향토음식과 함께 점
차 남한 식탁에 정착했을 것이다. 여기에 전란으로 인해 쌀 수
급이 여의치 않자 맛과 향이 형편없는 저질 막걸리가 횡행한
것도 남쪽 사람들이 소주를 찾게 된 원인이었다.

시간이 흘러 남한에서도 소주가 이북 못지않게 흔한 술이 됐다. 하지만 사람들이 왜 원조를 따지겠는가. 실향민들은 북녘의 진한 소주 한잔이 몹시 고팠을 것이다. 현대 창업주인 정주영도 그중 한 사람이었다. 그는 1989년 1월 북한을 공식 방문했을 때, 강원도 통천군 아산마을의 고향 집에서 친지들과 북엇국을 안주 삼아 40도짜리 북한 소주로 잔치를 벌였다. 58년 만에 찾은 고향에서 혈육들과 나누는 소주 한잔이었으니, 눈물이 왈칵 쏟아졌을 법하다.

당시 정주영의 방북은 북한 측과 금강산 공동 개발 등 경제 협력 방안을 논의하기 위해 마련된 자리로, 9년 뒤 전 세계가 주목하는 가운데 이루어질 '소 떼 방북'의 예고편이었다. 북한으로부터 초청을 받고 한국 정부에 허가를 얻어 일본과 중국을 거쳐 평양에 들어간, 한국전쟁 이후 최초의 민간인 공식 방북이기도 했다. 노태우 정부는 88올림픽을 계기로 공산권 국가들과의 수교를 적극 추진하고 있었다. 소련, 중동, 동유럽 등이 문을 열면 대외무역 의존도가 높은 한국으로서는 무궁무진한 수출 시장이 열릴 거라고 기대한 것이다. 남북정상회담을 추진하며 대북 관계에서 변화를 모색한 건 이런 맥락에서였다. 한편 북한은 1987년 대한항공 여객기 폭파 사건으로 미국의 테러지원국 리스트에 올라 경제난을 극복할 묘수가 절실했다. 양측의 이 같은 셈이 맞아떨어진 지점이 바로 정주영의 방북이었다.

이 방북을 계기로 남북 경제 협력은 급물살을 탔다. 백화점 등 유통업계에서는 북한산 물품의 수입을 적극 추진했다. 1989년 현대종합상사가 일본을 통해 들여온 북한산 대평소주, 맥주, 인삼주, 수삼 등은 고향의 맛을 그리워하던 실향민들에게 크나큰 희소식이었다. 이 상품들을 판매하기로 한 서울 압구정동 현대백화점은 예약을 받지 않는다는 방침을 여러 차례 밝혔음에도 통관 전부터 전국에서 예약 전화가 전화통에 불이 나도록 걸려와 곤혹스러웠다고 한다. 한번은 부산에서 평양냉면집을 운영하는 한 실향민이 먼 길을 달려와 단골손님과 친지들에게 나눠주고 싶다며 북한산 소주 한 박스 예약 구입을 요청한 적이 있는데, 당일 현장 판매만 가능하다는 백화점 측 설명에 눈물을 흘리며 돌아가기도 했다.[8] 분단 이후 처음으로 고향 소주를 맛볼 기회였으니, 눈물을 자아낼 만큼 간절했던 것이다.

이처럼 북한 상품 붐이 일자 현대백화점뿐 아니라 롯데, 신세계 등 다른 백화점에서도 '북한 상품전'을 경쟁적으로 준비

1989년 현대백화점에서 추진한 북한 상품전에 선보일 북한산 상품들은
일본을 거쳐 부산항으로 들어왔다. 뒤편에 놓인 유리병이 대평소주다.
1989년 3월 17일 《조선일보》에 실린 사진이다.

한다. 그런데 변수가 생긴다. 1989년 3월, 즉 정주영이 방문한
두 달 뒤에 문익환 목사가 북한을 방문한 것이다. 이 사건에는
너무나도 많은 맥락과 이해관계가 얽혀 있기에 여기서 자세
히 다루기는 어렵지만, 문익환 목사는 귀국 직후 국가보안법
위반 혐의로 투옥됐다. 이에 따라 실마리를 풀어가던 남북관
계는 단숨에 경색됐다. 백화점들이 준비 중이던 북한산 수입

품 전시 및 판매 행사는 일제히 중단됐고, 실향민들은 다시금 눈물을 삼켜야 했다. 같은 해 5월, 유일하게 현대백화점 압구정점만이 사흘간 북한 상품전을 열어 이들의 갈증을 해소해주었다. 발 디딜 틈 없이 사람들이 몰린 통에 소주는 1인당 한 병으로 구매가 제한됐다. 이날 북한 소주 한 병을 겨우 손에 넣은 실향민이 회갑 잔치 때 친척들과 한 모금씩 나눠 마시며 밤새 울었다는 눈물겨운 사연이 알려지기도 했다.[9]

그렇지만 이로부터 4년 뒤인 1993년이면 북한 소주 10만 병이 남한에 수입되기에 이른다. 남한 무역업체가 북한 무역업체와 직접 거래를 통해 북한 상품을 수입한 것이다. 이는 북한에 대금을 지불하는 대신 남한 설탕 500톤을 보내는 물물교환 형태로 이루어졌다. 이후 본격적으로 수입되기 시작한 북한 소주는 '북한 특수'를 타고 불티나게 팔렸다. 주문량이 얼마나 폭발적이었던지, 그렇잖아도 생산재 공급이 여의치 않은 북한에서 소주 담을 유리병이 동날 정도였다. 이런 상황을 호재로 받아들인 북한은 남한에 대한 소주 수출가를 두 배 이상 올리는 등 외화벌이에 열을 올린다. 하지만 붐이 사그라지자 판매량이 급격히 줄었다. 없어서 못 팔던 시절은 어디 가고, 1995년엔 한국 수입업체의 인수 거부로 수개월간 인천 세관에 방치되기까지 했다. 이후 북한 소주는 종잡을 수 없는 남북 관계에 따라 판매에 큰 부침을 겪다가, 2006년 북한이 핵실험을 강행해 미국의 대북 제재가 강화된 이후에는 아예 자취를 감춘다.

어쨌거나 이렇게 남북을 오가며 실향민을 울린 소주, 과연 남파 간첩들은 어땠을까? 우리가 북한 소주 맛을 궁금해하듯이 그들도 남한 소주 맛을 궁금해했을까? 북쪽 땅에서 마셨던 것에 비해 싱겁다고 생각했을까? 이런 시시껄렁한 호기심이야 해소할 길이 없지만, 간첩 입에서 '소주'가 언급된 적은 있다. 1982년 남한에 잠입한 정해권은 1984년 9월 국가안전기획부(현 국가정보원)에 체포된다. 그는 건설 현장에서 목수로 일하며 1년 11개월간 전국 곳곳에서 첩보 활동을 수행했는데, 체포된 뒤 "해방해야 할 곳은 북이다"라고 말하며 남한의 발전상에 놀란 심정을 이렇게 밝혔다.

특히 대구 아양교 공사장에서 날품팔이 목공으로 일할 때 나이가 많다는 이유로 젊은 사람보다 낮은 일당 9천원을 받았으나 그날 저녁 대구 칠성시장 선술집에서 돼지갈비 1대에 5백원, 소주 1병에 5백원, 흰쌀밥 한 그릇에 2백원을 받는 것을 보고 남한에서는 노동자도 하루 벌어 3일은 살 수 있다는 생각을 했다. 또 어떤 노인이 1백원을 내고 소주 한잔을 먹고 나가는 것을 보고 주인에게 무엇 하는 사람이냐고 물었더니 "노점 행상하는 노인인데 매일 1백원짜리 소주 10잔 정도씩 마시러 왔다 간다"고 대답하여 노동자들의 생활이 매우 자유롭다는 것을 실감했다.[10]

남한에서는 누구든지 일만 하면 소주를 양껏 사 마실 수 있다는 사실에 놀란 것이다. 굳이 이런 일화를 강조해 보도한 건, 당시 전국적인 민주화 요구에 당황한 전두환 정권이 반공을 빌미로 공안 분위기를 조성하는 데 적극 활용하기 위함이었을 것이다. 북한에서는 노동자들이 아무리 열심히 살아도 그 흔한 소주 한잔 접하기 힘들다는 뉘앙스를 풍길 수 있으니까.

남은 막걸리, 북은 소주. 어쩌다가 남북이 서로 다른 술 문화를 발전시켰을까? 실증적 근거는 없다. 북쪽 기후가 추워서 독한 술을 선호한 것이라는 설이 유력하긴 하다. 막걸리는 쌀로 빚는데, 이북은 따뜻한 남쪽에 비해 쌀 수확이 적으니 보리 등 잡곡을 발효시켜 소주를 양조하는 게 더 편했으리라는 가정도 가능하다. 소주를 유난히 좋아한 여진족의 피가 많이 섞인 지역이라 그럴 수도 있다. 구한말의 상황만 놓고 보자면, 청의 지나소주가 압록강과 두만강을 넘어 유입돼 소주가 흔해진 게 이북의 다모토리 문화 발달에 영향을 끼쳤을 가능성이 있다. 어쨌든 간에 소주가 가장 잘 팔리는 기온은 6도에서 10도 사이라고 한다. 날씨가 추워지기 시작하는 시기, 늦가을에서 초겨울에 접어들 무렵이다. 그렇지, 그런 날에는 따끈따끈한 오뎅탕이 앞에 놓여도 안경에 김이 서리지 않고, 냉장고 안에 있던 소주를 테이블 위에 올려놓아도 쉽게 미지근해지지 않는다. 그런 날만큼은 나도 소주를 두 잔까지는 마실 수 있다(두 잔을 깨끗이 비울 거라고 장담하기는 어렵지만).

19세기 말부터 20세기 초까지 주한일본공사관이 수집한 한반도 염탐 자료에는 지나소주 관련 기록이 여러 차례 등장한다.

✦ 1896년 7월 13일 함경북도 경흥 일대: 청나라 상인 대여섯 명이 길림성에서 와 옥양목, 소주, 기타 잡화를 판매하고 있다.

✦ 1903년 7월 6일 평안북도 의주 일대: 우리 동포(일본인)는 히노日野 육군대위를 수장으로 하여 10여 명이 거주하는데, 그중에는 귀화 일본인 장발張發이라는 자가 있다. 원래 봉황성(랴오닝성 평청凤城 일대의 옛 지명)에 살던 청나라 사람이었으나 청일전쟁 때 아군(일본군)과 내통하여 여러 차례 위험을 무릅쓰고 우

리에게 큰 도움을 주었기에 큰 상을 받은 후 일본으로 귀화해 잠시 도쿄에 거주했으나 2~3년 전부터 이곳(의주)으로 와서 토지를 구입하고 소주 양조업을 운영 중이다.

✦ 1903년 7월 7일 평안북도 의주 일대: 수출입품은 목재, 산누에, 콩, 콩기름, 두조豆糟, 수수, 소주, 소금, 그 밖의 잡곡이다. (중략) 실업實業의 관점에서 의주를 보자면 우리나라 사람(일본인)에게 앞으로 장래가 유망한 업종이 적지 않다. 지금 그 한두 가지를 열거하면 소주, 콩기름, 간장, 면화 제조장의 개설, 그 밖에 소·돼지 등의 목축업, 산누에, 과수의 재배 등일 것이다. 소주, 콩기름 등은 예로부터 청나라 사람이 독점하며 매년 조선에서 수입하는 양이 대단히 많다. 지금 중강中江 지역의 세관만 봐도 1일 평균 200원(1년에 약 7~8만 원)의 소주가 통과된다고 한다. 현재 의주 부근의 접경지에는 주로 조선인 대상으로 장사하는 청인의 소주 양조장이 몇 군데 있다. 즉 (청의) 안동현安東縣, 구련성九連城, 호산虎山, 장강구長江口 등의 소주 양조장 생산액이 1년에 7~8만 원이 된다고 한다. (가령 양조장 한 곳의 생산액을 7만 원으로 쳐도 약 30~40만 원이 된다) 의주에서 이 사업을 육성해 청으로부터의 수입을 막는 것은 별로 어렵지 않을 것이다.

✦ 1903년 7월 27일 평안북도 의주 일대: 이 지방(의주)에서 청나라로 수출하는 것은 주로 곡류, 소 등 몇 종류에 불과하지만 이곳에 들어오는 수입품은 비단, 당목, 실, 석유, 도자기, 소주, 기타 잡화에 이르기까지 전부 그들(청인)의 공급에 의존하지 않는 것이 없으며, 이들 수입 잡화의 판로를 살펴보면 주로 동남쪽의 선천宣川 지방까지 내려가게 되고, 그 이동은 평양에서 안주安州에 미치고 (중략) 압록강 연안의 조선인은 소주와 잡화를 그곳(청나라 쪽 압록강 연안의 마을)에서 구매하고 있다고 하고, 조금 떨어져 있는 곳의 상황도 위의 지방과 같을 뿐만 아니라……

위 기록에서도 알 수 있듯, 북방 접경 지역에서는 오래전부터 청의 지나소주가 수입돼 인기리에 팔렸다. 변방 관리가 느슨해진 틈을 타 아예 조선으로 넘어와 소주를 만들어 파는 청인들도 있었다. 이렇게 접경지를 통해 들어온 지나소주는 주요 소주 소비처인 평안도, 함경도 등 이북 곳곳으로 팔려 나갔다. 일제는 이 지나소주를 왜소주의 강력한 라이벌로 여겼다. 일제가 청일전쟁에 승리해 한반도 내 지배력을 확보했듯이, 왜소주가 한반도 소주 시장을 점령하려면 먼저 지나소주를 꺾어야 했다. 일제가 함흥에서 개량법 소주를 선보이고 재한일본인이 평양에 기계소주 공장을 차린 속내에는 바로 지나소주를 쫓아내겠다는 의도가 담겨 있었다. 지나소주에 대한 일제의 불편한 심기는 《매일신보》 1919년 12월 16일, 17일에 실린 기사에서 고스란히 드러난다. 제목부터 심상찮은, 〈지나소주의 날뜀跋扈〉이라는 르포 연재기사다.

양 강(압록강과 두만강) 연안에 거주하는 조선 동포가 가정에서든지 요정에서든지 또한 길거리 음식점에서든지 음용하는 주정(알코올) 함유 음료는 지나소주인데, 특히 압록강 측에서는 북쪽의 혜산진으로부터 남쪽의 신의주에 이르기까지 약 200리 사이에 조선 술을 제조하는 자가 거의 없으며, 조선인 주민이 관혼상제에 쓰는 것은 지나소주인바, 어찌하여 조선 술이 이렇게 정복을 당하였는지, 어찌하여 지나 술이 이토록 날뛰고 있는지 그 원인을 고찰해보니,

1) 보리를 끓여 만든 조선 술은 주정이 16~17도, 기장으로 만든 조선 술은 40도에 불과하나, 지나소주는 대체로 50도에서 60도이라,

2) 보리, 기장으로 만든 조선소주의 시가는 한 되에 70~80전

내지 1원 20~30전인데, 조선에 들어온 지나소주도 가격이

비슷하기 때문에 판로가 광대하며,

3) 지나소주를 조선인 취향에 맞추려고 10~25%의 물을 첨가

함에 따라 얻어지는 이익이 발생하며,

4) 조선 술은 향기가 적으나 지나소주는 향기가 진하며,

5) 지나 술은 조선인의 취향에 잘 맞으며,

6) 조선에서는 비밀리에 주류를 양조하는 것이 어려우나 접경

지에서 지나 술을 밀수하는 것은 그리 어렵지 않더라.

…

중강진에서는 이번 봄의 배일화排日貨(일본 자본 배척) 운동 당

시부터 "일본인은 일본 술에 독을 넣어 조선인들을 ○○할 계

획이니 조선인들은 일본 술을 마시지 말아라"는 등 웃음조차

안 나오는 헛소문을 퍼뜨리는 자가 있어, 이로 인해 일본 술의

매매가 감소되고 지나 술의 수요가 증가하였다고 하며……

기사는 이런 분석과 함께, 일제가 북방의 조선인 양조업자

들에게 새로운 소주 양조 기술을 전수하려 노력 중인데 시장

을 장악한 지나소주가 걸림돌이라고 전한다. 지나소주의 주

요 소비자인 조선인과 판매자인 중국인 사이를 이간질하는

것이다.

지나소주를 견제하기 위해 일제는 높은 관세를 부과하는 한편 밀수를 대대적으로 단속했다. 당시 접경 지역에서의 아슬아슬한 밀수 풍경은 1925년 발표된 김동환의 서사시 〈국경의 밤〉에 잘 나타나 있다. 그럼에도 지나소주의 인기는 식지 않아서 목숨을 건 밀수가 꾸준히 이어졌다. 지나소주를 밀수하다 적발된 조선인 여성을 일본인 세관원이 범행을 무마시켜준다며 강간한 사건이 있는가 하면, 밀수업자가 세관에서 모진 고문을 받다 죽거나 두만강을 건너다 총살당하는 일도 있었다. 특히 1935년 신의주에서 일어난 최 여인 사건은, 나라 잃은 하층계급 여성의 비극적인 삶을 생생하게 보여주고 있어 가슴이 먹먹해진다. 당시 《조선일보》에 실린 기사에 따르면 정황은 이러했다.

1935년 9월 19일 오후 1시경 신의주 압록강 철교 아래 강물에서 한 여인의 싸늘한 주검이 발견된다. 시신은 뗏목들 사이에 끼어 꼿꼿이 서 있는 기이한 모습으로 발견됐는데, 등에 소 오줌통을 짊어지고 있었다. 경찰 수사 결과 시신은 46세 최 여인으로 밝혀진다. 원래 평안북도 구성군에서 농사를 짓던 최 씨는 남편이 병으로 숨지자 형편이 극도로 어려워졌다.

그도 그럴 것이 16세, 13세, 9세, 5세인 아들 넷을 키워야 했기 때문이다. 설상가상으로 막내를 제외한 나머지 아들 셋이 장애인이었다. 최 씨는 홀로 농사일을 해서는 도저히 아들 넷을 먹여 살릴 수 없자, 그해 4월 신의주로 이주한다. 방 한 칸 얻을 돈이 없어 남의 집 벽장에 세를 들었다. 최 씨는 아들 넷을 벽장 안에 가둬놓고 하루도 빠짐없이 신의주에서 만주국 랴오닝성까지 20리 길을 오가며 지나소주를 밀수했다. 소 오줌통에 지나소주를 담아 와 신의주에서 팔았는데, 한 번 갔다 오면 기껏해야 30~40전을 벌었다. 당시 쌀 한 말 가격이 3원 40전 정도였다 하니 다섯 식구 생계비로는 충분치 않았다. 그렇게 입에 풀칠을 하던 중 9월 17일, 사건이 터진다. 그날 저녁 8시경 최 씨는 지나소주가 담긴 소 오줌통을 등에 짊어진 채 다른 밀수업자 예닐곱 명과 함께 만주국 쪽에서 배를 타고 압록강을 건넜다. 배가 한국 땅에 다다랐을 때, 이를 엿보고 있던 일본 세관 단속원이 총을 쏘며 달려들었다. 다른 밀수업자들은 혼비백산하여 도망갔는데, 최 씨는 총탄을 피해 강물 속으로 뛰어들었다가 헤엄쳐 나오지 못하고 빠져 죽고 만다. 이 시신이 강물을 따라 떠내려가다가 이틀 뒤 신의주에 정박된 뗏목 사이에 낀 채 발견된 것이다. 시신은 사촌동생이

거둬 매장했다. 그런데 최 씨가 세 들어 살던 곳을 찾아가 벽장을 열어보니, 안에 배고픈 아이들 넷이 그대로 있었다고 한다. 새끼 제비처럼 입을 벌린 채, 어미가 먹을 것을 갖고 돌아오기를 기다리면서.

술술 넘긴 술에 술술 글이 써지는 것인지 작가들 중에는 유난히 애주가가 많다. 특히 독한 소주를 사랑한 이들이 있는데, 그중 한 명이 바로 소설 〈소나기〉의 작가 황순원이다. 생전에 그는 고질병인 신경통으로 고생하면서도 줄담배를 피우고 거의 매일 소주를 들이켰다고 한다. 소주는 신경통에 독약이나 다름없는데도 평소 다른 술은 별로 입에 대지 않으면서 소주만 고집했다고 하니, 대단한 애착이다.

그는 평안남도 대동군에서 태어나 평양에서 유년기를 보냈다. 앞서 말했듯 일제강점기 평양에는 소주가 흔했으니, 어릴 때 어른들이 물이라고 속여 소주를 쥐여주는 장난질에 속아 넘어가거나 물인 줄 착각하고 소주를 들이켠 일이 한두 번쯤은 있었을지도. 그런 일이 아니더라도 황순원은 이미 열세 살 때부터 소주를 반 홉씩 마셨는데, 어린 시절 앓던 소화불량 때문이었다. 감기 걸린 아이에게 고춧가루 뿌린 소주를 권한 시절이 있듯, 당시에는 소화제 대신 소주를 마셨던 모양이다. 어쨌든 어릴 때부터 마신 이력 때문인지 그는 주로 안주 없이 강소주를 마셨고, 이따금 오이에 소주를 부어 만든 오이 소주를 즐겼다고 한다. 1931년 열여섯 살에 등단했으니, 소주를 (황순원 자신이 말한 대로) "문학보다 더 빨리 시작한 셈"이다. 그는 이어 "술을 배워 술 얘기를 소설로 써서 그 원고료가 모두 술값이 된 것"이라고도 말했는데, 그야말로 주당답다.[11]

물론 소주를 사랑한 작가는 황순원 한 사람만이 아니었다. 시인 김관식의 방 천장에는 늘 소주가 담긴 주전자가 걸려 있었다. 취해야 글이 써진다며 손닿는 곳에 술을 둔 것이다. 소주 주전자를 끄집어 내릴 때면 그만 마시라고 말리는 아내와 실랑이를 벌이곤 했다고. 한번은 이런 일도 있었다. 소설가 양문길이 점심을 대접하겠다며 그를 데리고 식당에 갔는데, 김관식은 밥 대신 소주 한 병을 마시겠다고 했다. 이에 양문길이 점심도 사고 소주도 살 테니 메뉴를 고르라고 하자, 이번엔 그 점심 값으로 소주 두 병을 사라고 대답했단다. 골 때리는 양반이다. 하지만 이 같은 소주 집착은 결국 비극을 불러온다. 간염에 걸린 와중에도 소주를 내리 마시다 죽음을 맞은 것이다. 그날 아침 김관식은 전날 과음으로 인한 숙취에 코를 골며 자고 있었다. 출근해야 하는 아내는 해장국을 차려놓고 집을 나섰는데, 그로부터 두 시간도 지나지 않아 남편의 상태가 예사롭지 않다는 연락을 받고 귀가하자 김관식은 이미 세상을 뜬 후였다. 머리맡에는 마시다 남긴 소주 반병이 놓여 있었다. 마지막 순간까지도 소주를 놓지 못한 것이다. 김관식과 동서지간이자, 《현대문학》에 김관식을 추천했던(작품 공모를 통해 등단하는 지금과 달리 당시는 추천을 받아 등단했다) 시인 서정주는 김관식의 죽음을 이렇게 애도했다.

"세상의 아무도 믿으려 하지 않고 욕만 퍼부으며 철저한 자존과 고독과 깡소주로만 살다가 완전히 폐가 녹아 사십도 못되어 스러져간 젊은 사내, 신동출신神童出身의 김관식이를 시인으로 추천한 것을 나는 한동안 후회했으나, 이제는 후회 안 해도 되는가? 또다시 우리를 괴롭게 울리며 죽어갈 염려는 없어졌으니까……"

한편 시인 김소월은 소주에 취한 채 아편을 삼켜 자살한 것으로 알려져 있다. 사는 동안 늘 한복을 입을 만큼 민족주의 의식이 강했던 김소월은 일제의 핍박 속에 속세를 등졌다. 평안북도 구성군의 인적 드문 산촌에 들어가 독한 소주로 울분을 삼키며 고독한 삶을 살았다. 그런 그에게 아내는 유일한 술 친구였고, 둘은 종종 소주를 나눠 마시곤 했다. 그날도 두 사람은 새벽까지 소주를 마셨다. 그런데 아내가 술에 취해 먼저 잠들자, 시인은 아내의 입에 뭔가를 자꾸 밀어넣었다. 아내는 잠결인데도 입안에 들어온 것이 영 이상해 계속 뱉어냈다. 그런데 몇 시간 뒤 신음을 듣고 깨어 보니 남편이 옆에 누워 사경을 헤매고 있었다. 날이 밝기도 전에 시인은 아내의 무릎 위에서 절명한다. 죽은 이 옆에는 아편 한 조각이 놓여 있었다. 세상을 비관한 시인이 술김에 아편으로 아내와 함께 저승에 가려다 아내가 무의식중에 거부하자 혼자 떠난 것으로 보인다.

소주는 이처럼 작가들과 얽히면서 예술적이고 낭만적인 술로 거듭난다. 빡빡한 속세의 틀에서 벗어나 대낮부터 소주에 취하는 자유로운 영혼, 병을 앓으면서도 어떤 면에서는 무모하게, 어떤 면에서는 대담하게 소주를 들이켜는 태도는 그 자체로 문학이었다. 멋을 아는 사람, 특히나 그것이 작가라면 당연히 술을 즐겨야 하는 것처럼 여겨졌고, 그 멋에서 많은 비중을 차지한 건 소주였다. 문학의 시대가 열려 작가들이 동경의 대상이 되면서 소주 또한 대중에게 갈망의 술로 받아들여진다. 소주는 문학작품에서 고독과 비통을 고조시키는 장치로도 곧잘 활용됐는데, 백석의 유명한 시 〈나와 나타샤와 흰 당나귀〉가 그중 하나다.

가난한 내가/아름다운 나타샤를 사랑해서/오늘밤은 푹푹 눈이 나린다//나타샤를 사랑은 하고/눈은 푹푹 날리고/나는 혼자 쓸쓸히 앉어 소주(燒酒)를 마신다/소주(燒酒)를 마시며 생각한다/나타샤와 나는/눈이 푹푹 쌓이는 밤 흰 당나귀 타고/산골로 가자 출출이 우는 깊은 산골로 가 마가리에 살자//눈은 푹푹 나리고/나는 나타샤를 생각하고/나타샤가 아니 올 리 없다/언제 벌써 내 속에 고조곤히 와 이야기한다/산골로 가는 것은 세상한테 지는 것이 아니다/세상 같은 건 더러워 버리는 것이다//눈은 푹푹 나리고/아름다운 나타샤는 나를 사랑하고/어데서 흰 당나귀도 오늘밤이 좋아서 응앙응앙 울을 것이다

〈나와 나타샤와 흰 당나귀〉는 백석 자신의 이야기를 담은 자전적인 시로 알려져 있다. 시인이 '혼자 쓸쓸히 앉아 소주를 마시며' 애타게 기다리는 나타샤는 기생 김자야였다(하지만 백

석 자신이 밝힌 내용이 아니기에 나타샤가 정말로 누구인지는 아무도 알 수 없다). 백석이 첫눈에 반해 시가지 바쳤다는 여인이다. '자야'라는 아호도 백석이 이백의 시 〈자야오가子夜吳歌〉에서 따와 직접 지어준 것이라 한다. 하지만 둘 사이에는 커다란 장애물이 있었다.《조선일보》사진반장을 지낸 백용삼의 장남이었던 백석은 문인인 동시에 일본 유학까지 다녀온 영어 교사이기도 했다. 인텔리 집안 출신에 사회적으로 존경받는 교육자였던 것이다. 자야 역시 일본 유학파 문인이기는 했지만 어려운 집안 형편 탓에 어린 시절부터 기생으로 일했다. 기생 며느리를 들일 생각이 없었던 백석의 집안에서는 둘을 떼어놓으려 했다. 하지만 말릴수록 두 사람의 사랑은 사그라지기는커녕 더욱 굳건해진다. 백석은 자신이 교사로 일하는 함흥에서 자야가 있는 경성까지 천릿길을 오가며 장거리 밀애를 이어간다. 아쉬운 하룻밤을 보낸 어느 날, 백석은 자야에게 손으로 쓴 〈나와 나타샤와 흰 당나귀〉를 남기고 돌아온다. 둘의 사랑을 허락지 않는 더러운 세상을 버리고 깊은 산골로 들어가, 누구의 방해도 없이 같이 살고 싶다는 소망을 담아. 이즈음 백석은 자야에게 만주로 떠나자고 제안하지만 자야는 그의 창창한 앞길을 막을까 봐 거절했다고 한다. 이 시에 대해 자야가 감상을 적은 글이 있는데, 이런 대목이 있다.

> 당신은 때로 '나타샤'가 없는 덩그런 부인 방에서 혼자 쓸쓸히
> 소주를 마시곤 했다. 그 시절에 이 소주는 북방의 추운 지역 사
> 람들이 즐겨 마시던 술이었다. 당신은 술을 그다지 잘 마실 줄
> 모르는 분이었는데, 우리가 처음 만났을 때 얼떨결에 흥분해
> 서 마음을 가라앉히느라고 난생처음 과음을 해서 몹시 대취해
> 보았다고 했다. 그 후로 당신은 다시는 취한 모습을 보인 적이
> 없었다.
> 나는 당신의 시를 읽으면서 그만 나도 모르게 당신의 족쇄에
> 채워진 포로가 되어버렸다.[12]

평안북도 정주가 고향인, '북방의 추운 지역 사람' 백석은
눈 오는 겨울밤에 자야를 기다리며 홀로 소주를 마셨다. 제 사
랑이 가로막히는 괴로움에 쓰디쓴 소주를 삼켰을지도 모른다.
백석은 자야와 3년간 동거하다 1940년, 혼자 만주로 떠났다.
이후 두 사람은 다시 만나지 못했다. 해방 이후 남북이 분단되
면서 백석은 북에, 자야는 남에 남았다. 자야는 1999년 83세
로 세상을 뜰 때까지 독신으로 살았다.

가난한 사람들의 보너스

코로나19 바이러스 확산이 잠시 주춤했던 2020년 가을이었다. 오랜만에 아내와 서울 성수동 골목을 거니는데, 아담한 건물 외벽에 붙어 있는 큼지막한 하늘색 두꺼비 일러스트가 눈에 띄었다. 호기심에 다가가보니 '두껍상회'라는 상호명과 함께 옛 진로 로고가 박혀 있다. 건물 앞에 설치된 두꺼비 캐릭터 조형물은 사람들이 줄까지 서서 사진을 찍고 있었다. 2019년에 나온 진로이즈백의 캐릭터 팝업스토어였다. 인형에서부터 모자, 슬리퍼, 컵, 우산, 핸드폰 케이스 등 다양한 캐릭터 상품을 팔고 있었는데, 하나같이 귀여운 디자인이 인상적이었다. 예전에 일본 오미야게 과자에 관련된 책을 쓰면서 취재차 방문했던 제과회사들의 캐릭터 가게를 연상케 했다. 차이가 있

초깔끔한 맛

2019년 진로이즈백 광고 포스터.

다면 그곳에서는 캐릭터 상품과 과자를 함께 판매했는데, 이곳에서는 캐릭터 상품만 팔 뿐 주인공인 소주는 팔지 않는다는 점? 하늘색 두꺼비를 실컷 구경해서 그런지 아니면 하늘색 두꺼비를 보는 동안 원고 생각에 골몰해서 그런지, 평소 마시지도 않던 소주가 머릿속을 맴돌았다. 결국 집에 가는 길에 진로이즈백 한 병을 샀다. 샀지만, 역시나, 뚜껑을 열어 잔에 따르자마자 소주가 갑자기 왜 마시고 싶었던 걸까 의문이 들기 시작했고, 한 모금 마시고 나니 한 병을 사 왔다고 해서 굳이 다 비울 필요가 있을까 하는 생각이 들었다. 결국 (나와 아내가 한 모금씩 마시고 남은) 나머지는 생선이나 닭고기 요리를 할 때 비린내를 잡는 데 쓰였다.

2019년 뉴트로 콘셉트로 출시된 진로이즈백은 정체된 소주 시장에서 독보적인 성공을 거둔 상품이다. 소주를 기피하는 MZ세대에게 트렌디한 술로 통하면서 2년 만에 6억 5000만 병이 팔려나갔다. 소주 업계에서는 전례 없는 대대적인 캐릭터 마케팅이 성공 요인으로 꼽힌다. 성수동 두껍상회는 70일 후에 문을 닫았지만 두꺼비 캐릭터가 SNS를 뒤덮으며 기대 이상의 인기를 모은 덕에 부산, 대구, 광주 등 전국 각지에서 팝업스토어가 계속 운영됐다. 이뿐만 아니라 하이트진로는 편의점과 협업해 두꺼비 캐릭터를 넣은 감자칩, 마카롱, 젤리, 떡볶이 등 다양한 콜라보 상품까지 선보였다. 맛 자체는 평범한데 하늘색이 시원시원하게 깔린 패키지 디자인에, 상품에 따라 다양한 포즈를 취하고 있는 두꺼비 캐릭터를 보는 재미가 있다. 두꺼비는 오랜 세월 진로소주(지금의 진로골드) 병에 들어가면서 브랜드 정체성으로 굳어졌는데, 이게 처음부터 이랬던 건 아니다. 원래는 두꺼비가 아닌 원숭이가 들어갔다. 진로를 상징하는 캐릭터가 바뀐 데에는 사연이 있다.

진로의 모태 회사는 평안남도 진남포에 있던 진천양조상회, 평안남도 용강 출신의 장학엽이 1924년에 세운 양조장이다. 당시 생산한 소주가 원숭이표 진로소주였다. 장학엽은 해방 이후 북한이 공산화되면서 사업이 압박을 받자 1951년 1·4 후퇴 당시 27년간 운영해온 양조장을 버리고 가족과 함께 월남한다. 이후 소주 양조 기술을 살려 1951년 3월 부산에서 동업자와 함께 금련소주, 낙동강소주 등을 만들었다. 진로소주는 1954년 장학엽이 서울에 서광주조주식회사를 따로 설립하면서 원래 이름을 되찾았다. 이때만 해도 진로소주 상표에는 북에서처럼 마주 보고 있는 원숭이 두 마리가 그려져 있었다. 장학엽의 고향인 평안도에서는 인간과 닮은 원숭이를 상

옛 진로 상표. 마주 보고 있는
원숭이 두 마리를 확인할 수 있다(왼쪽).

서로운 영물로 여겼기 때문이다. 하지만 남쪽에서는 원숭이가
교활한 짐승이라며 꺼렸기 때문에 1955년에 두꺼비로 교체됐
다. 하필 두꺼비가 선택된 건 당시 한국 사회에 만연했던 남아
선호사상 때문이었다. '떡두꺼비 같은 아들'을 상징하는 상표
였던 것이다.

한편, 한국전쟁 직후 남한에서는 식량 사정이 최악에 치달
아 원료 값이 적게 드는 희석식 당밀소주를 마셨다. 이때 진
로는 이북에서 빚던 증류식 곡물 소주로 차별화를 꾀했다.
1960년대 중반 이후에는 박정희 군부 정책에 따라 희석식 고

구마 소주로 획일화하게 되지만 이전까지는 '고급 순곡 소주'를 내세웠다. 이런 프리미엄 전략이 애주가들에게 먹혀든 데이어 1955년에는 전국주류품평회 재무부장관상을 수상해 호평을 받으면서 유명세를 얻기 시작한다. 공병을 재활용하거나 라벨을 위조해 만든 '짝퉁 진로'를 파는 일이 생겨날 정도였다. 장학엽은 이 또한 홍보에 적극 활용한다. 짝퉁이 인기를 입증하는 척도라는 점에 착안해 '가짜 진로에 속지 않는 법'을 내용으로 시리즈 광고를 낸 것이다. 특히 1959년 라디오 광고를 시작하면서 한국 최초의 광고음악 〈차차차 송〉을 낸 게 신의 한 수였다.

> 야야야 야야야 야야야/야야야 야야야 차차차/진로 진로 진로 진로/야야야 야야야 차차차/향기가 코끝에 풍기면 혀끝이 짜르르하네/술술 진로소주 한 잔이 파라다이스/가난한 사람들의 보너스/진로 한 잔이면 걱정도 없다/진로 한 잔 하고 '크~' 하면 진로 파라다이스

〈차차차 송〉은 '야야야', '차차차' 같은 반복적인 가사로 대중의 귀를 사로잡으며 유행했다. 소주 소비자가 아닌 어린아

이들까지 이 노래를 흥얼거릴 정도로 중독성이 강했다. 이 노래는 60~70년대 극장과 텔레비전에서 방영된 진로소주 애니메이션 광고에도 가사만 살짝 바뀐 채 그대로 쓰였다. 팬이 워낙 많아 세월이 한참 지난 1996년 노래방 목록에도 들어갔을 정도다. 경쾌한 리듬과 달리 가사는 뜯어볼수록 가슴이 아리다. 〈차차차 송〉이 나온 1959년 한국은 전쟁으로 폐허가 된 땅, 끊이지 않는 부정부패, 좀처럼 나아지지 않는 경제적 상황 등 서민들에게는 생지옥이나 마찬가지였다. 보릿고개나 꿀꿀이죽이 그 시절의 참상을 대표한다. 제정신으로 버티기 힘든 상황에서 잠시나마 위안이 됐던 것이 소주 한 잔이었다. 독한 술이라 한 잔만 마셔도 '짜르르'하면서 취해 세상 시름을 잊게 해주었다. 빈곤에 지친 이들이 죽거나 미치지 않으려면 밥은 굶을지언정 소주만큼은 포기할 수 없었다. 소주 한 잔, 딱 그만큼의 현실 도피가 '진로 파라다이스'이자 '가난한 사람들의 보너스'였던 것이다.

신입 기자로 일하던 2006년의 일이다. 늦은 밤 광화
문 근처 고깃집에서 부서 회식을 하고 있었다. 방 안
에서 술판을 벌이고 있는데, 갑자기 밖이 시끌시끌하
더니 방문이 열렸다. 검은색 정장을 쫙 빼입은 건장
한 남자가 대뜸 얼굴을 들이밀곤 "형님들, 반갑습니
다!"라고 외치는데 목소리가 어찌나 우렁찬지 술이
깰 정도였다. 목소리에 기선 제압을 당한 동료들이
어리둥절한 틈에 이 낯선 남자는 벌써 방 안으로 들
어서고 있었다. 그 뒤를 따라 역시 검은색 정장을 맞
춰 입은 남녀 서너 명이 줄줄이 들어왔다. 그중에는
소주병 모양의 인형 탈을 쓴 사람도 있었다. 어깨에
무언가 적힌 띠를 두르고 있었는데, 읽어보니 '처음
처럼'이었다. 리더로 보이는 목소리 큰 남자가 자신

들은 두산 영업사원인데 새로 나온 소주를 대접하고 싶어 이렇게 찾아왔다고 말하자, 다른 이들이 소주병을 들고서 한 사람 한 사람에게 술을 따라줬다. 자본주의적인 미소를 한껏 머금은 채, "잘 부탁드립니다" 같은 의례적인 인사 외에 넉살 좋게 농담까지 붙여가면서. 이들은 사은품이 담긴 쇼핑백을 건네주는 걸 끝으로 술자리를 한바탕 휘젓곤 여전히 얼떨떨하게 앉아 있는 우리를 남겨두고 자리를 떴다. 몇 초 지나지 않아 옆 방에서 쩌렁쩌렁한 목소리가 다시 들려오기는 했지만. 이후로도 소주회사에서 신제품이 나올 때면 비슷한 일을 겪었고, 그때마다 소주 판촉은 여간 힘든 게 아니구나 싶었다. 광고 모델료로만 수십억을 들이는 것을 보면 확실히 소주는 지나치다 싶을 정도로 홍보나 마케팅에 공을 들이는 상품이다. 왜일까? 좀 황당하게 들릴 수 있겠지만, 다름 아닌 정치 때문이다.

소주 시장이 급성장하고 업체들 간 경쟁이 치열해진 건 1960년대부터다. 당시 한국의 정치적 상황은 혼돈 그 자체였다. 1960년 4·19 혁명으로 이승만 독재가 무너지면서 당시 야당이었던 민주당이 정권을 잡고 제2공화국을 출범시킨다. 민주화에 한 걸음 가까이 다가서나 싶었는데 1961년 5월 16일, 2군 부사령관 박정희의 주도로 군인들이 쿠데타를 일으킨다.

위에서부터 차례로 1955년, 1956년, 1957년 진로 광고.

5·16 군사정변이다. 정권을 장악한 쿠데타 세력이 발표한 6개 항의 '혁명공약' 중 제3항은 '모든 부패와 구악을 일소하고 청렴한 기풍을 진작시킨다'는 것이었다. 청렴한 기풍 진작은 부유층의 사치 및 퇴폐 근절을 목표로 삼았는데, 음주를 비롯한 유흥문화 역시 개조 대상이었다. 이에 따라 비싼 양주나 맥주를 팔던 카바레, 요정, 바 등 유흥업소들은 졸지에 폐업 위기에 몰렸다. 돈 많은 이들조차 군부 눈치를 보느라 이런 업소들에 발길을 끊은 것이다. 반면 대폿집은 문전성시를 이뤘다. 요정 앞에서 발길을 돌린 이들이 대폿집으로 향해서였다. 당연히 대폿집의 대표 주종인 소주 역시 반사이익을 누렸다. 5·16을 계기로 주류 시장에서 양주가 자취를 감추고 소주 소비가 폭발적으로 늘면서, 진로소주의 경우 매출이 열 배 이상 뛰기도 했다.

그런데 군사정권은 또다시 고민에 빠진다. 소주 시장 경쟁이 과열됨에 따라 증류식 소주 생산이 늘어났기 때문이다. 진로, 천마, 금곡 등 소주회사들은 100% 곡물로 양조한 증류식 소주를 선보이며 맛과 향에서 차별화를 꾀했다. 이에 순곡 증류식 소주를 찾는 애주가들도 덩달아 늘어난다. 외화 낭비를 막겠다고 양주를 못 마시게 했더니, 이번에는 식량 부족 국가에서 곡물로 빚은 소주 소비가 활발해진 것이다. 이런 가운데 1962년 대흉작이 일기까지 하자 정부는 대응책 마련에 분주해진다. 1950년대만 해도 미국에서 밀, 잡곡 등 원조 물자를 빙자한 잉여농산물들이 대거 반입돼 그 일부가 쌀 대신 소주 원료로 활용되곤 했다. 그런데 쌀 수확량이 대폭 줄어 혼분식 장려 운동까지 벌이는 상황에 이르니 소주 양조에 쓰이는 미국산 잡곡도 아쉬워진 것이다. 정부는 곡물을 한 톨도 쓰지 않는 희석식 소주에서 대안을 찾았다.

박정희는 식량난을 하루빨리 눈에 띄게 개선시켜 민심 이반을 막으려 했다. 쿠데타로 정권을 잡은, 다시 말해서 정당성이 결여된 정부였기 때문이다. '혁명공약' 제4항에 '민생고를 시급히 해결한다'고 명시한 것도 그를 조급하게 만들었다. 정부는 1962년 시행한 새 주세법을 통해 곡물로 양조하는 증류식 소주와 당밀로 양조하는 희석식 소주의 세율을 구분한다. 이전에는 둘 다 180리터당 9300환이었는데, 새 주세법은 증류식 소주에 대해 2만 3250환, 희석식 소주에 대해서는 6400환을 물렸다. 요컨대 증류식 소주는 세금이 두 배 넘게 인상된 반면 희석식 소주는 3000환 가까이 감액된 것이다. 이러한 세액 격차는 소주 값에 고스란히 반영된다. 가뜩이나 생산 원가가 비싼 증류식 소주는 높은 세금까지 떠안자 값이 치솟을 수밖에 없었다.

하지만 세금 차등 적용만으로는 곧바로 만족스러운 결과를 얻을 수 없었다. 정부는 1962년 탈세를 감시한다며 증류식 소주공장에 단속 주재원을 파견하는 등 압박 수위를 높였다. 1963년에는 절미운동에 본격적으로 돌입하면서 소주 원료로 쌀이 아닌 잡곡만 사용하게끔 규제하고, 양곡 소비 제한 조치에 따라 증류식 소주의 월별 생산 계획량을 75% 이하로 줄이도록 했다. 급기야 제3공화국 출범 이후인 1964년 12월에는 증류식 소주 양조를 전면 금지하기에 이른다. 쌀, 잡곡 가릴 것 없이 아예 곡물 자체를 소주 원료로 쓰지 못하게 한 것이다. 이때 희석식 소주에도 일부 제재가 가해지는데, 사탕수수 찌꺼기로 만든 수입 당밀 대신 한국산 고구마로 주정을 만들게 한다. 왜 하필 고구마인가 하니, 무리한 증산 장려 정책으로 인해 1964년 고구마 생산량이 목표치의 두 배 이상에 달한 탓이었다. 고구마 재고가 쌓여가기만 하자 정부 실책에 대한 농가의 원성이 자자해진 상황이었다. 곡물을 아끼면서도 잉여 고구마는 처리하는 일석이조 효과를 노린 정부가 희석식 고구마 소주만 생산하도록 강제한 것이다.

증류식 소주 생산업체들은 즉각 반발했다. 300여 개 업체가 결성한 소주공업협회중앙회는 대통령과 국회의장을 상대로 "정부가 식량 절약을 위하여 재래식 소주에까지 잡곡 사용을 일절 금지하고 고구마만으로 대체하라는 시책은 우리 업계의 시설 실태를 전연 무시한, 곧바로 실행할 수 없는 조치이며 재래식 소주에 한하여서는 이러한 조치를 해제하여달라"는 호소문을 발표했다. 원료를 고구마로 바꿔 희석식 소주를 생산하려면 기존 증류식 생산시설을 못 쓰게 되어 기계를 전부 교체해야 하는데, 그 엄청난 자금을 하루아침에 어떻게 충당하느냐는 말이었다. 이런 조치를 밀어붙이면 자금력이 부족한 중소 소주회사들은 전부 폐업할 것이며, 대기업만 살아남을 것이라고 주장했다. 또한 증류식 소주는 희석식 소주와 품질이 확연히 다른 술이라면서 "장구한 세월 국민 다수층의 기호를 일시에 말살할 수는 없다"고 덧붙였다. 정부가 호소를 들어주지 않자 한 달 뒤엔 "중소기업 몰살 의도"라며 재무부 장관을 상대로 항의 성명을 냈다.

창업 당시부터 줄곧 '순곡 소주'를 내세웠던 진로는 정부를 상대로 행정소송을 걸기까지 했다. 진로가 영세업체는 아니었지만, 곡물 원료는 브랜드 정체성과 직결돼 있었기 때문이다.

상표에 두꺼비와 함께 벼 이삭을 그려넣을 정도였다. 진로는 그동안 증류식 소주의 장점을 강조하기 위해 희석식 소주를 비하하는 내용의 광고까지 내온 터였다.

하지만 독재정권에 대항해봤자 얻을 건 없었다. 큰 소주회사들은 결국 희석식 고구마 소주로 제품을 전면 교체했다. 진로는 1967년 상표를 바꿀 때 두꺼비 삽화만 남기고 벼 이삭을 지워버린다. 곡물을 한 알도 넣지 않은 소주 상표에 벼 이삭을 그대로 둘 수는 없었으므로. 진로 같은 대기업과 달리 공장을 개조할 여력이 없었던 영세한 증류식 소주회사들은 줄줄이 폐업했다. 그렇게 한국 소주는 희석식 고구마 소주로 모조리 획일화됐다. 정부는 고구마 파동이 잠잠해지고 나서야 당밀을 쓰게 해달라는 소주회사들의 요구를 수락했다. 이후 소주 원료는 고구마와 당밀에서 가격이 더 저렴한 타피오카(열대 작물 카사바의 뿌리로 만든 전분)로 옮겨 가게 된다.

소주의 개성이 사라진 것보다 더 큰 문제가 있었다. 이미 술 자체로도 건강식품은 아니지만, 유독 희석식 소주는 유해성 논란에 자주 휩싸였다. 고구마를 원료로 쓰면 독성이 생기는데, 제독除毒을 제대로 하지 않은 탓에 인체에 해로운 메탄올이 기준치를 초과하는 일이 종종 발생했다. 특유의 악취를 지우고 떨어지는 풍미를 억지로 살리기 위해 사카린, 시클라메이트 등 값싼 인공감미료, 인공조미료, 인공향료를 듬뿍 넣은 것도 문제가 됐다. 탈취제나 탈색제가 쓰이기도 했다. 소주의 맛과 향은 물론 품질까지도 하향평준화된 것이다. 증류식 소주를 사랑한 애주가들은 이런 현실에 개탄했다.

한편 희석식 고구마 소주로 획일화된 후 소주회사들은 판촉에 골머리를 앓았다. 소주의 맛과 향이 고만고만해지니 브랜드를 차별화할 수 없었던 것이다. 당시 양대 경쟁사였던 진로와 삼학 사원들은 자사 제품의 공급처를 늘리기 위해 손님을 가장해 술집을 돌아다니면서 '진로소주 아니면 안 마신다'거나 '삼학소주가 왜 없느냐'고 항의하기도 했다.

이런 진흙탕 경쟁 속에 등장한 것이 바로 대대적인 경품 행사다. 업체들은 당시 소주병이 짙은 갈색이어서 안쪽이 보이지 않는 점을 활용해 병뚜껑 안쪽에 경품권을 인쇄했다. 주당들은 어차피 희석식 소주 맛이 거기서 거기인 마당에 일확천금의 기회라도 잡아보자며 경품 행사 중인 소주를 골라 집었다. 워낙 어렵게 살던 시절이라 경품 공세에 넘어가는 사람은 무척 많았고, 이는 판매량 증가로 이어졌다. 행사가 있을 때 약 50% 정도의 소비 증가 효과가 나타났다고 한다. 소주회사들은 고가의 경품을 경쟁적으로 내걸며 시선 끌기에 나섰다.

진로는 1965년 창립 40주년 경품 행사의 1등 상품으로 현금 20만 원을 내걸었다. 하급 공무원의 월급이 5000∼6000원, 공장 노동자 월급이 4000원 안팎이던 시절이니 20만 원은 꿈같은 액수였다. 현금 말고도 당시 서민들에게 선망의 대상이었던 재봉틀, 라디오 등이 경품으로 등장했다. 그러더니 1966년에는 5돈짜리 순금 두꺼비, 2량짜리 은 두꺼비가 나왔다. 경쟁 업체들도 보고만 있지 않았다. 목포의 삼학소주는 1966년 한 해에만 경품 행사를 두 번이나 진행했는데, 1등 상품인 새나라 승용차를 비롯해 순금 팔찌, 전축 등 하나같이 값비싼 것들이었다. 같은 해에 목포의 또 다른 소주 업체인 보해소주는 피아노, 쌀 한 트럭분, TV, 냉장고, 황소, 전축, 탈곡기 등 600만 원 상당의 초호화 경품 행사를 벌이며 '한국 경품 사상 최대 규모'라고 홍보했다. 경품 경쟁이 점입가경으로 치닫는 가운데 1971년에는 전국 소주 생산량의 90%를 점유한 6개 기업이 총출동했다. 이 중 3개 회사가 1등 경품으로 코로나 승용차를 선보였다. 코로나 승용차는 당시 130만 원을 호가하며 서민들에게는 '꿈의 자동차'로 통했다. 직장인 월급이 보통 2만 원 안팎이었으니, 번 돈을 한 푼도 쓰지 않고 5년 넘게 꼬박 모아야 살

신문에 실린 삼학소주 경품 행사 광고.
코로나 자동차에서부터 냉장고, 텔레비전, 라디오 등
지금이야 흔한 가전제품이지만 당시에는 귀했던 경품 목록이 흥미롭다.
무려 황소도 끼어 있다.

수 있었다. 로또나 다름없었다. 그래서 소주 사 마시다가 코로나 자동차에 당첨된 행운의 주인공들은 언론에 실명과 함께 그 사연이 소개되기도 했다.

이처럼 소주회사들이 품질이 아닌 경품으로 경쟁하면서 부작용이 속출했다. 1966년 '한국 경품 사상 최대 규모'를 자랑했던 보해소주는 1968년에 도산했다. 무리한 판매 경쟁이 부도를 낸 첫 번째 이유로 꼽혔다. 일부 업체는 경품 행사의 높은 인기로 인해 생산에 과부하가 걸리자 불량품을 만들어 팔기도 했다. 경품권만 쏙 빼고 재포장한 소주가 유통되는 일도 있었다. 경품 행사를 열 만큼 자본이 탄탄하지 못한 중소 업체들은 경쟁에서 더욱 밀려났다. 결국 전국경제인연합회가 1971년 9월 '상도덕을 타락시키는 과당 경쟁'이라며 정부에 소주 업계의 경품 행사 단속을 건의한다. 이를 계기로 여론이 악화되자, 그제야 경품 경쟁에 붙은 불이 사그라들었다. 더욱이 1976년 소주 자도 판매제가 도입되면서 소주 업계가 사실상 독과점 형태로 돌아감에 따라 이런 마케팅은 거의 사라지다시피 했다.

삼학소주와 DJ

1971년 11월 24일 밤, 당시 소주 업계 1위였던 삼학소주 본사로 검사들이 들이닥친다. 같은 시각, 검찰은 삼학소주 사장 김상두의 자택도 급습한다. 이날 긴급 체포된 김상두 사장과 임직원 10여 명은 마포구의 한 여관으로 끌려가 밤샘 심문을 받는다. 검찰은 사무실과 자택을 샅샅이 뒤져 자료를 압수하는 한편, 목포 공장에도 검사를 파견하는 등 전방위적인 수사에 나섰다. 다음 날, 검찰은 삼학소주가 술병에 붙이는 납세필증을 대량 위조하는 방식으로 수억 원대의 탈세를 저질러왔으며 김학두 사장이 범죄 사실 대부분을 시인했다고 발표한다. 또한 삼학소주가 희석식 소주에 물을 많이 섞어 규정 도수인 30도에 못 미치는 불량품을 유통시킨 혐의도 드러났다고 덧붙였다.

김상두를 비롯한 관련자들은 구속 기소됐다. 사흘 뒤인 11월 27일, 국세청은 삼학소주 등 삼학이 생산하는 모든 주류의 제조 및 출고를 중지시킨다. 회사는 사실상 폐업 상태에 들어간다. 12월 11일엔 위조 납세필증을 부착한 것으로 의심되는 삼학소주 5만 2080병이 압류된다.

1972년 5월, 김상두는 법원에서 징역 4년에 추징금 3억 원을 선고받았다. 며칠 뒤 삼학소주의 생산 본거지이자 사업 뿌리인 목포의 ㈜삼학양조가 문을 닫는다. 한국 소주 시장의 3분의 1을 차지했던 삼학소주는 그렇게 무너졌다. 그런데 삼학소주 탈세 적발을 둘러싸고 뒷말이 무성해진다. 박정희에게 밉보여 표적 수사를 받았다는 소문이 돈 것이다. 김상두가 1971년 7대 대통령 선거에 야당 후보로 출마한 김대중을 후원했다고 알려진 게 화근으로 지목됐다. 실제로 정치 자금을 대줬는지에 대해서는 지금까지도 확실하게 입증된 바가 없다. 다만 목포의 상징인 삼학도三鶴島에서 이름을 따온 삼학소주는 목포 사람들의 자랑거리였고, 김대중과 김상두 둘 다 목포 출신이라는 연결고리가 있었다.

1971년 4월에 치러진 대선은, 3선에 도전하는 박정희와 40대의 젊은 기수 김대중이 접전을 벌였다. 박정희는 반공과

국정 안정을, 김대중은 복지와 정권 교체를 내세웠다. 선거 초반만 해도 박정희의 무난한 승리가 예상됐으나 장기 독재에 대한 대중의 우려는 생각보다 컸다. 김대중은 유세 때마다 엄청난 군중을 불러 모아 박정희를 불안하게 했다. 부정선거 의혹과 지역주의로 무척이나 지저분했던 선거는, 결국 박정희(득표율 51%)의 승리로 끝났다. 하지만 김대중이 얻은 표(득표율 43.4%)는 무시할 만한 수치가 아니었다. 인구가 가장 많은 서울에서 얻은 표(득표율 57.9%)는 박정희(득표율 38.9%)를 압도했다. 이에 박정희는 1972년 10월 유신헌법 선포로 대통령 직선제와 중임 및 연임 제한 규정을 철폐해 종신 독재 체제를 완성시킨다. 1973년에는 중앙정보부가 일본에서 김대중을 납치하기도 했다. 독재에 걸림돌이 될 만한 대상은 전부 없애려 한 것이다. 그런데 대선이 끝난 지 7개월 만에 공교롭게도 김대중의 후원자로 소문난 삼학이 탈세 수사를 받고 순식간에 몰락했으니, 의혹이 생길 만했다. 하지만 괘씸죄만으로 삼학소주가 사라졌다고 보기엔 무리가 있다. 대선이 치러지기 훨씬 전부터 회사 경영에 문제가 많았기 때문이다.

삼학소주 창업주인 김상두는 1947년 목포에서 ㈜목포양조를 설립했다. 이 회사는 원래 삼학청주와 주정을 생산했다.

1965년 삼학소주 광고.
이중 병마개가 특이하다.

1962년 전국주류품평회시상식에서 재무부장관상(최고우등상)을 수상하는 등 품질을 인정받은 삼학청주는 위조품이 횡행할 정도로 인기가 높았다. 이에 반해 삼학소주가 시장에 뛰어든 건 다소 뒤늦은 감이 있었는데, 삼학청주의 유통망을 활용해 서서히 판로를 넓혀나갔다. 그러다 1964년, 정부가 희석식 고구마 소주로 일원화하자 본사를 서울로 옮겨 소주 사업에 총력을 기울인다. 소주 시장이 대형 업체에 유리하게 흘러가는 상황을 파악한 것이다. 김상두는 회사 이름까지 삼학소주로 바꾼 뒤 홍보에 엄청난 돈을 쏟아부었다. 앞서 말한 것처럼 대대적인 경품 행사를 열기도 하고 신문에 대문짝만한 광고를 내기도 했다. 그 결과, 삼학소주는 호남과 수도권을 장악하며 업계 1위인 진로소주를 넘어서게 된다.

그런데 삼학소주의 눈부신 성공은 속 빈 강정이었다. 진로가 쥐고 있던 수도권 소주 시장을 파고들기 위해 덤핑이며 외상 판매를 해 남는 게 별로 없었던 데다 광고에 지나치게 많은 돈을 들인 탓에 줄곧 자금난에 허덕였다. 경영이 어려워지자 1968년엔 세액을 줄이기 위해 세무 당국에 뇌물을 상납했다가 적발되기도 했다. 빚이 쌓이고 또 쌓이면서 1970년 초엔 결국 부도를 내고야 만다. 이때 세금 체납액만 2억 6000만 원에 달했다. 정부의 특혜 융자로 겨우 회생했지만, 또다시 3억 원의 부도수표를 막지 못해 김상두는 1970년 8월 부정수표단속법 위반 혐의로 수배되는 지경에 이른다. 위기가 닥칠 때마다 삼학은 사채를 갚기 위해 사채를 계속 끌어다 쓰는 악순환으로 상황을 모면했다. 그런 와중에 초호화 경품 행사를 강행했으니, 빚더미는 더욱 커질 수밖에. 빚이 감당하기 힘들 정도로 불어나자 해결책으로 생각해낸 게 탈세였다. 위조 납세필증을 이용해 세금을 포탈하며 채무 규모를 3억 원에서 3000만 원까지 줄인 것이다. 이처럼 엉망진창인 회사 사정을 속속들이 알고 있던 원료 납품업자의 고발로 삼학의 탈세 행각은 끝이 났다. 이 납품업자는 삼학 측에서 원료 대금 1000만 원의 지급을 계속 미루자 관련 사실을 당국에 신고했다고 한다.

수사 시점을 고려하면 괘씸죄 가능성이 전혀 없었다고 말하기는 어렵다. 대선 전만 해도 정부가 특혜 논란을 무릅쓰면서까지 삼학의 경영난 해결에 적극 나섰으니 말이다. 그렇다고는 해도 삼학이 건실한 기업이었다고 보기는 어려운데, 팬덤이 대단했던 모양인지 사람들은 삼학소주가 김대중을 지지한 죄로 표적 수사를 받아 망했다고 여겼다. 특히 호남 사람들에게 삼학소주는 술 이상의 가치가 있는, 애향심의 상징이었다. 목포에서 탄생해 서울로 상경한 뒤 단숨에 전국 1위 타이틀을 거머쥔 기업의 성공 스토리는 '서울 드림'을 꿈꾸는 수많은 호남 사람들에게 공감을 샀다. 1971년 대선으로 영남-호남 간 지역감정이 고조되자 삼학소주 몰락에 대한 아쉬움은 더욱 커졌다. 제과업계의 롯데와 해태처럼, 소주 업계에서는 영남의 진로(한국전쟁으로 월남한 후 부산에 회사를 설립했기 때문에)와 호남의 삼학이 지역을 대표하는 라이벌로 통해서였다.

서울과 목포 사업장이 문을 닫은 뒤에도 삼학소주는 광주에 있던 ㈜삼원물산 공장에서 생산을 이어갔다. 물론 검찰이 들쑤신 후 사세는 한참 기울었다. 수도권 소주 시장은 다시 진로에게 넘어갔다. 탈세 사건 직후인 1972년, 서울 소주 시장은 진로가 약 85%를 점유했을 정도였다. 호남에서도 군산의 백화, 목포의 보해, 이리의 보배가 삼학의 자리를 메꿨다. 삼학소주는 광주에서나 근근이 팔렸다. 그러다 삼원물산이 임금 체불, 세금 체납, 사채 누적으로 1980년 5월 도산하고 폐업하면서 삼학소주 생산은 완전히 중단됐다.

부자는 망해도 3년 먹을 것이 있다던가. 삼학소주는 이렇게 망한 뒤에도 쉬이 사라지지 않았다. 1981년, 실직한 옛 삼학 직원들과 채권자가 뭉쳐 삼학소주 재건 운동을 벌였다. 밀린 급여라든가 남은 빚은 삼학소주 정상화를 위해 유예하겠다며 결의를 다졌지만, 실패로 끝났다. 이어 1988년에 창업자의 2세들이 '삼학소주 부활추진위원회'를 결성했으나 흐지부지됐다. 1991년엔 한국계 미국인 사업가가 옛 삼학소주 로고를 그대로 사용한 미국산 삼학소주를 한국으로 수출한다. 그는 자신이 삼학 창업자인 김상두의 조카라면서 "삼학소주의 명맥을 이었다"고 주장했다. 정작 김상두의 자녀들은 그가 부친의 조카가 아니라며 상표 도용으로 고발하겠다고 나섰지만, 이후 양측이 합의를 이뤘는지 법정 다툼은 벌어지지 않았다. 이 미국산 삼학소주는 옛 삼학소주 팬들의 향수를 자극하는 마케팅으로 눈길을 끌다가 1997년 외환위기 즈음에 사라졌다. 한편 2012년에도 삼학소주를 되살린다며 투자를 유치한 사업가가 사기 혐의로 입건된 일이 있었다. 이처럼 삼학소주의 부활은 오랜 세월 꾸준히 이슈가 되면서 팬들의 마음을 설레게 했다. 그럼에도 원조를 계승한 '진짜 삼학소주'는 결국 시장에 돌아오지 못했다. 김대중이 첫 대선 도전에 실패한 뒤 수난을 겪다가 15대 대통령에 취임하며 재기에 성공한 것과 달리, 삼학소주는 역사의 뒤편으로 사라져버렸다.

과음의 술, 주사의 술

'필름이 끊긴다'는 말은 언제 들어도 재밌는 비유라는 생각을 한다. 술을 마신 다음 날 자신이 술에 취해했던 말이나 행동을 전해 들으면 마치 스크린 위에 펼쳐지는 영화처럼 낯설게 바라보게 된다는 점에서 말이다. 물론, 비유가 재밌다는 것이지 필름 끊기는 일이 재밌을 리 없다. 내가 나도 모르게 돌아다니고 술에 취하지 않았다면 절대 하지 않았을 행동을 했다는 것, 그걸 하나도 기억하지 못한다는 게 충격적인 걸 넘어 두렵기까지 했다.

딱 한 번(인 게 얼마나 다행인지) 심각하게 필름이 끊긴 적이 있다. 대학 시절 한여름에 갔던 MT에서였다. 무더위 속에 스무 명 남짓한 청춘이 우글우글 모여 있으니 어지간히도 더웠는데, 문제는 숙소에 에어컨

이 없다는 거였다. 선풍기 바람은 뜨뜻하기만 할 뿐 도통 시원하지가 않았다. 열이 많은 체질인 나는 더위를 견디다 못해 정신을 놓고 있었던 건지 아니면 MT 분위기에 휩쓸렸던 건지, 평소 주량을 넘겨서까지 술을 마시다 잠들었다.

아침에 눈을 뜨자 숙취가 몰려오기는 했지만 별 탈 없이 잠들었다고 생각했다. 옆에 누워 있던 친구들이 퀭한 눈을 한 채 나를 노려보기 전까지는. 기지개를 펴면서 잘 잤냐는 인사를 건네자 볼멘 대꾸가 돌아왔다. "기억 안 나냐?"

뭘 기억해야 하는 거지, 멀뚱멀뚱 쳐다만 보고 있으니 친구들은 진짜 기억 안 나냐며 화를 내다시피 묻더니 앞다투어 증언을 쏟아냈다. 시작은 비교적 얌전했다. 더워 죽겠다는 말을 하고, 또 하고, 수십 번 하기는 했어도 그 정도 주사는 예사여서 다들 신경 쓰지 않았던 모양이다. 문제는 이부자리를 펼쳤을 때였다. 더운데 이불까지 깔리니 답답했던지 내가 냉장고 문을 열어 거기 고개를 처박곤 욕설을 퍼부었다고 했다. 이때까지만 해도 친구들은 술버릇이 고약한 애라고만 생각했다고, 문제는 잠이 들 만하면 내가 냉장고 문을 열어 소란을 피워대기 시작했다고, 도무지 잘 수가 없어 밤을 꼬박 새우면서 다들 다시는 나랑 술을 마시지 않겠다고 이를 갈며 결심했다는……

믿을 수 없는 이야기가 흘러나왔다. 이야기를 들어도 아무런 기억이 나지 않으니 믿을 수 있을 리가 있나. 몇 번을 되묻고 나서야 그것이 진짜 있었던 일이며, 내 머릿속에서는 아주 깔끔하게(해장국을 먹으면서 단편적인 기억들이 되살아나기는 했지만) 잘려나갔다는 사실을 받아들일 수 있었다. 엄청난 자괴감과 수치심도. 어쩌면 이런 기억 때문에 술을 멀리하게 된 것인지도 모르겠다.

어쨌든 그날 내가 부린 주사는 동기들에게 퀭한 눈과 미칠 듯한 피로감을 안겨주기는 했지만(내게는 한동안 술자리 안주로 씹히는 괴로움을 안겨주기는 했지만) 엄청난 잘못은 아니었다. 적어도 사회적인 기준에 따르면 '범죄'로 치부될 수준은 아니었다. 하지만 술은 수많은 사건에 등장한다. 때로는 사소한 원한이 우발적인 살인으로 이어지는 계기로, 때로는 양형 사유로, 때로는 주취 폭력으로, 때로는 사회적 혼란의 징후로.

1970년대에 소주를 비롯한 술 생산 및 소비가 급증하면서 자연히 술을 둘러싼 문제 역시 늘어났다. 특히 청소년들의 음주 일탈이 심각했다. 1978년 영신아카데미연구원에서 실시한 설문조사에 따르면, 당시 청소년 음주율은 57.3%에 이른 것으로 나타났다. 이 가운데 14.9%는 습관적으로 술을 마신다고 답했고, 1.3%는 알코올 중독자였다. 여학생의 경우 미국, 영국, 일본에 비해 습관성 음주 비율이 훨씬 높았다. 특히 소주는 탈선의 목적에 부합했다. 맥주나 막걸리보다 센 술이어서였다. 취하기도 쉽고, 서로 주량을 비교하며 우열을 가리기도 쉬운 술이 소주였다. 더군다나 무색투명하기까지 하니 물인 양 몰래 마시기도 쉽다. 소주에 취한 고등학생들이 심야에 주택가에서 노래 부르고 춤추며 소동을 피우다 체포된 사건(1962년, 서울), 중학생들이 망년회에서 소주를 마시던 중 화재가 발생해 만취한 학생이 탈출하지 못하고 불에 타 숨진 사건(1977년, 부산), 공장에서 일하던 10대 청소년이 또래들과 소주로 주량 대결을 벌이다 과음으로 사망한 사건(1981년, 서울) 등 소주로 인한 불상사가 꾸준히 이어졌다.

1970년 '백바지 클럽' 사건도 비행청소년들의 소주 음주를 보여주는 대표적 사례다. 이 사건은 당시 TV 시사프로그램에 방영될 정도로 큰 파문을 일으켰다. 백바지 클럽은 의정부 일대의 16~19세 여고생 및 퇴학생 소녀 30여 명으로 구성된 폭력단이었다. 이들은 유니폼처럼 단체로 하얀 바지를 입고 다니며(그래서 백바지 클럽이다) 의정부 일대에서 수년간 패싸움을 벌이거나 돈을 갈취했다. 처음엔 네다섯 명 규모였는데, 새 멤

버를 영입하며 세를 계속 불려나갔다. 학년과 나이에 따라 1기부터 4기까지 구분해 엄격한 위계질서로 조직을 관리했다고 한다. 클럽을 만든 여고생 둘이 폭력범으로 구속되기까지 했지만 이들의 행각은 그치지 않았다.

사건이 터진 건 1970년 1월. 이날 백바지 클럽 회원 아홉 명은 탈퇴자 두 명을 야산으로 끌고 가 마구 때렸다. 조직을 욕하고 다닌다는 이유에서였다. 그런데 얻어맞던 여학생 중 한 명이 품에 숨겨 온 호미를 꺼내 휘두르며 반격하다가 16세 조직원의 머리를 찍어 중상을 입힌다. 이로 인해 가해자이자 피해자인 소녀들이 경찰 수사를 받게 되면서 백바지 클럽의 존재가 드러났다. 당시 이 사건을 다룬 기사에 따르면 "이들은 밤이면 극장 주변이나 중랑천 둑에서 불량 소년들과 어울려 놀며 소주를 마시거나 착한 소녀들을 끌고 와서 때리고 클럽에 가입시켰다"[13]고 한다. 미성년 소녀들이 깡패나 다름없는 짓을 했다는 사실만으로도 충격적이었지만, 소주를 거리낌 없이 마시고 일부는 남학생과 성행위를 하거나 동거까지 했다는 사실은 큰 논란이 됐다.

정치적으로나 경제적으로나 혼란스러웠던 1970년대, 전국 각지에는 '○○파', '○○클럽' 같은 청소년 조폭이 생겨났고,

이에 따라 비행 청소년을 다룬 기사도 급증한다. 1975년 5월 《경향신문》은 〈요즘의 청소년 이대로 좋은가〉라는 기획 연재 기사까지 내보내는데, 당시 비행 청소년을 묘사하는 대목이 흥미롭다.

> 교복과 교련복을 입은 채 신군 등이 술집에 들어섰을 때 S고교 2년생 2명이 새우튀김에 소주를 마시고 있었다. 결국 서로 옆자리를 의식하면서 경쟁이라도 벌이듯 술을 마시고 신군은 주인에게 담배를 사 오라고 요구, 담배까지 피워댔다. 술 취한 신군은 주인과 다른 손님들에게 술주정을 하다 경찰에 붙잡혀 왔고 술집 주인은 미성년자보호법 위반 혐의로 입건됐다. 이런 학생에게 문제가 있는 것은 물론이지만 탈선을 미리 막기 위해 어른들이 충고하지 않은 데 더 큰 사회 문제가 있는지도 모른다.[14]

실제로 예전엔 단속이 느슨해 미성년자라는 사실을 알면서도 몰래 들여 술을 파는 술집이 많았다. 술집만이 아니라 동네 슈퍼, 분식집, 포장마차, 당구장 등 술을 파는 곳 어디에서나 미성년자가 소주를 쉽게 살 수 있었다. 어른들이 아이에게 돈을 쥐여주곤 소주 한 병 사 오면서 과자 사 먹으라고 하던 시절이다. 매년 여름이면 어김없이 해수욕장이나 유원지에서 술에 취해 고성방가를 지르는 10대 남녀들이 뉴스에 등장하곤 했다. 이에 검찰은 1975년 4월 30일 청소년을 출입시키는 유흥업소에 대해서는 업주를 구속, 법정 최고형을 구형하겠다고 발표한다. 하지만 이런 조치로 유흥업소 출입은 막아도 음주 자체를 막을 수는 없었다.

1980년 서울에서는 고등학생 50여 명이 소풍을 가면서 몰래 숨겨 간 소주를 교사들에게 압수당하자 학교 유리창 250여 장을 깨부수며 난동을 부린 일이 있었다. 소주를 마시고 만취한 학생들이 퇴학 처분에 대한 앙갚음으로 교무실 유리창을 부수거나(1979년, 서울) 체벌을 가한 교사에게 분노해 교실 유리창을 파손하는(1982년, 부산) 등 비슷한 사건이 줄을 이었다. 90년대까지 미디어에 줄기차게 오르내리던 이런 청소년 음주 문제는 2000년대 이후로 차츰 줄어든다. 청소년 음주율이 낮아졌기 때문이기도 하지만(어쩌면 더 음지에서, 더 은밀하게 이루어지는 것일지도 모르겠지만), 음주보다도 학교 폭력 문제가 심각하게 대두된 탓이기도 했다.

어쨌든 소주는 너무 흔했다. 1961년 12만 2000킬로리터를 기록했던 연간 소주 소비량은 1971년 19만 9000킬로리터, 1981년 53만 2000킬로리터, 1991년 66만 6000킬로리터로 늘었다. 숫자로도 알 수 있듯 1970년대부터 1980년대 초까지는 그야말로 폭증했다.

소주에 취해 문제를 일으키는 건 어른들도 마찬가지였다. 특히 성매매 문제가 심각했다. 대표적으로 1960~1970년대에는 '들병장수'라는 게 있었다.

요즈음 더운 때를 맞이해 장충단 뒷산 등 시내 외의 공원이나 유원지에는 관람객 소풍객 등 많은 사람들이 모여들고 있다. 이들을 상대로 하는 각종 상인들이 있는데 그중 술과 안주를 얼마간 마련해놓고 고객을 기다리거나 찾아다니는 이른바 「들병장수」들이 눈에 띈다. 그들은 손님과 함께 앉아 술을 권하기도 하고 마시기도 하는 「접대부」 노릇도 겸하는데 나중에는 별별 해괴하고 난잡한 광경이 다 벌어져 지나가는 사람들을 아연케 한다.[15]

요컨대 들병장수는 술과 안주를 들고 다니다 손님이 나타나면 즉석에서 술판을 제공하는 여성 접대부였다. 한국이 독립한 이후 1940년대 말에 서울 남산 일대에서 들병장수가 크게 늘자 이들을 '들병 부대'라 부르기도 했다. 이 들병 부대가 1960년대 이후에는 돗자리 부대라고도 불린다. 돗자리 부대는 원래 남산 일대에서 불법 돗자리 대여를 하는 노점상을 가리키는 말이었다. 이들은 남산에 놀러온 방문객을 입산 금지 구역으로 안내한 뒤 풀밭에 깔고 앉을 돗자리를 빌려주고 시간당 대여료를 받았다. 여기에 들병장수의 영업 방식과 성매매가 결합해 새로운 형태의 돗자리 부대가 탄생하는데, 조폭까지 연계되면서 규모가 상당히 커졌다.

조폭들은 서울 시내 사창가를 돌며 매춘 여성들을 섭외했다. 그렇게 돗자리 부대에 합류한 접대부들은 남산 등산로나 공원 등지에서 호객 행위를 했다. 남성들은 숲속 으슥한 곳에 깔아둔 돗자리에 앉아 소주나 맥주를 마시다가 어느 정도 취하면 즉석에서 성매매가 이뤄졌다. 술값이 시중 가격의 배에 달했지만 요정에서 방석 깔고 노는 것(요정은 방석집이라고도 불렸다)보다 남산에서 돗자리 깔고 노는 편이 더 저렴했기에 이 돗자리 주점들을 찾는 발길은 끊이지 않았다. 요금 시비를 거는 치들은 조폭들에게 무자비한 폭행을 당한 뒤 돈을 빼앗기고 발가벗겨져 내쫓기곤 했다. 1960년대 말에 이르면 하루

500명 넘는 여성들이 돗자리를 펼쳤고, 1970년 남산공원에서 이런 영업을 하다 적발된 조폭만 200명이 넘었다고 하니, 이들에게 소주나 맥주를 공급하던 장충단공원 인근 술 도매상들은 돈 깨나 만졌을 것이다. 한때 전국 곳곳의 유원지나 공원에서 찾아볼 수 있었던 이들 돗자리 부대는 12·12 사태로 정권을 잡은 신군부 세력이 1980년 대대적인 '사회악 소탕'에 나서면서 사라졌다.

삼쏘의 기원

'삼삼데이 안 먹으면 안 돼지', '온 국민 한돈 먹는 날',
'3월 3일은 삼겹살 먹는데이!'

3월 3일 삼겹살데이를 홍보하는 문구들이다. 매년
3월 3일이면 이런 문구가 박힌 전단지들이 흩뿌려진
다. 전국 각지 고깃집에서는 삼겹살데이임을 알리는
입간판을 세워두고, 대형마트에서는 일제히 돼지고
기 할인 행사에 들어간다. 시작은 삼겹살이었지만 이
시기가 되면 목살, 뒷다리살 등 다른 부위만이 아니
라 소고기, 닭고기 등 다른 육류까지도 슬그머니 할
인 행사에 끼워 들어오곤 한다.

이 삼겹살데이가 시작된 것은 2003년. 구제역 파
동으로 돼지고기 판매량이 급격히 줄어들자 파주연
천축협에서 양돈농가 소득 증진을 위해 고안해낸 것

이다. 밸런타인데이에서부터 화이트데이, 로즈데이, 빼빼로데이 등 이미 존재하는 여러 '데이'가 있고 또 이 목록에 오르려던 수많은 시도가 수포로 돌아갔지만, 삼겹살데이는 꽤 성공적으로 안착했다. 친숙한 메뉴 덕분일 수도 있고, 외우기 쉬운 날짜 덕분일 수도 있다. 어쨌든 이 행사는 해가 거듭되면서 다른 지역 축협만이 아니라 대형 마트, 백화점, 정육점, 고깃집 등으로 널리 확산됐고, 삼겹살데이는 바야흐로 새로운 기념일이 됐다. 실제로 삼겹살데이가 낀 주에는 삼겹살 매출이 평소보다 서너 배 뛰는데, 이날 덩달아 잘 팔리는 것들이 있다. 상추, 깻잎, 마늘, 고추 등 쌈을 싸 먹는 데 필요한 채소, 그리고 소주다. 2016년 홈플러스에서 내놓은 매출 분석 자료에 따르면 삼겹살데이가 낀 주에는 소주 판매량이 평소 대비 7.3% 증가했다. 같은 기간 맥주 판매량은 1.6% 늘었으니, 맥주보다 네 배는 더 잘 팔린 셈이다. 더욱이 삼겹살은 집에서 직접 구워 먹기보다 외식이나 회식 메뉴로 자주 선택된다는 점을 고려하면, 식당이나 술집에서의 소주 판매 증가율은 훨씬 높았을 것으로 예상된다.

철판 위에서 고소한 기름내를 사방으로 풍기며 노릇노릇하게 구워지는 삼겹살을 보고 있노라면 소주는 바로 이 음식을 위해 창조된 술이 아닐까 하는 생각마저 든다. 삼겹살은 비계가 많이 붙어 있어 몇 점만 집어 먹어도 입가가 번들거리는데, 이때 느끼해진 입안에 털어넣은 소주 한 잔이 기름기를 싹 내려보내면서 혀에서부터 위까지 이르는 길을 시원하게 헹궈준다. 개운한 느낌을 주는 데에는 탄산이 많은 맥주가 나을 수도 있겠지만, 삼겹살이 워낙 기름진 음식이다 보니 한두 병만 들이켜도 배가 터질 듯이 불러오기 십상이다. 술 자체만으로 배부른 막걸리는 말할 것도 없다. 아마 소주의 무색투명한 빛깔도 개운한 느낌을 주는 데 일조했을 것이다. 여기에 또 고깃기름에 구운 김치가 빠질 수 없다. 삼겹살 한 점에 소주 한 잔 털어넣고 죽죽 찢은 구운 김치에, 자글자글 끓는 기름 속에서 익힌 마늘까지 곁들이면 기가 막힐 지경이다(물론 나는 한 잔으로 끝나곤 한다).

날 때부터 찰떡궁합이었던 듯한 이 조합은, 하지만 역사가 별로 길지 않다. 앞서 말했듯이 소주는 주로 여름철에 개고기를 안주 삼아 더위를 극복하기 위해 마셨던 술이다. 한편 기름진 부위인 삼겹살은 이렇게 대중적으로 먹게 된 것이 불과 40여 년 전이다. 그 시작이 불분명하기는 하지만 널리 알려진 속설에 따르면 탄광촌 광부들이 목에 낀 석탄가루를 씻어내기 위해 값싸고 열량이 높은 부위인 삼겹살을 먹던 것이 차츰 퍼져나갔다고 한다.

유래가 어떻든 간에 탄광촌을 제외하면 한국에서 돼지고기는 흔한 식재료가 아니었다. 양돈 기술이 발달하지 않아 누린내가 심했거니와, 한약 복용 중에는 기름기 많은 돼지고기를 먹으면 안 된다거나 '여름철 돼지고기는 잘 먹어야 본전'이라는 믿음은 돼지고기 소비를 꺼리게 만들었다. 실제로 여름만 되면 돼지고기 소비량이 현저히 줄어들곤 했다. 더욱이 한국인의 육류 소비 성향은 소고기 편애가 압도적이었다. 소고기가 고급 육류로 취급되는 건 지금도 마찬가지지만, 돼지고기의 위상은 전혀 달라졌다. 많은 사람들에게 돼지고기는 비위생적인 고기, 따라서 바싹 익혀 먹어야만 하는 고기, 그렇게 익혀 먹지 않으면 식중독에 걸리는 고기로 여겨졌다. 이런 상황이 바뀐 건 1960년대 말. 정부가 양돈을 수출 산업으로 육성하면서부터다. 살코기 등 인기 부위는 일본, 홍콩 등으로 수출하고 잡내가 심한 비계, 내장, 족발 등은 국내에서 소비했다. 비계투성이 부위였던 삼겹살은 싸구려 식재료 취급을 받았다. 냄새를 없애기 위해 김치나 양념을 더해 볶거나 생강, 후추 등을 넣고 삶아 편육으로 먹는 정도였다.

하지만 정부의 전폭적인 지원 아래 양돈 기술이 발달하고 조리법이 개발되면서, 또 경제 성장에 따라 육류 소비가 증가하면서 돼지고기 수요는 점차 늘었다. 그러면서 수급에 문제가 자주 발생하는데, 수출 상황이나 소고기 가격 변동에 따라 돼지고기 가격도 폭등과 폭락을 거듭했다. 특히 1978년 '육류 파동'은 심각했다. 자고 일어나면 소고기와 돼지고기 값이 무섭게 치솟았다. 심지어 한 달 사이에 돼지고기 값이 60% 넘게 오르기까지 했다. 정부는 돼지고기 가격 안정을 위해 일본 수출을 중단하는 한편 양돈 농가에 융자까지 내주며 양돈을 장려했고, 대만과 미국으로부터 돼지고기 수천 톤을 수입하기에 이른다.

문제는 다음 해에 터졌다. 돼지고기가 남아돌다 못해 가격이 바닥을 친 것이다. 팔아봤자 손해라며 농가에서 새끼 돼지를 내다버리는 지경에 이르자 정부는 융자 상환 기한을 연기한다. 이어 대규모 돈육가공공장을 설립해 돼지고기를 햄, 소시지 등으로 가공할 계획을 세우고 돼지고기 수매를 대폭 늘렸다. 하지만 수입 돼지고기까지 상당량이 비축된 상황에서 가격 폭락을 막을 수는 없었다. 설상가상으로 주요 수출 대상국이었던 일본에서도 돼지고기 과잉 생산이 심각해져 한국산 수입을 중단한다. 수출길이 막히자 정부는 내수 촉진을 위해 돼지고기의 다양한 조리법과 영양학적 장점을 대대적으로 홍보하는 캠페인을 진행한다. 2003년 삼겹살데이가 등장한 배경과 비슷하다. 하지만 이 정도 조치로는 큰 효과가 없었다. 그만큼 상황이 심각했던 것이다. 이에 정부는 소고기 값을 대폭 인상했다. 비싼 소고기 대신 값싼 돼지고기를 사 먹으라는 암묵적인 지시였다. 급기야 1979년 서울시는 음식점들로 하여금 주 2~3회 이상 돼지고기 요리를 내놓도록 한다. 이에 따라 수많은 대폿집들이 삼겹살 로스구이를 메뉴에 올리기 시작했다. 편육이 아닌 구이로 먹어도 소주에 그럭저럭 어울렸고, 술집 입장에서는 삼겹살이 값싼 식재료인 데다 기름기가 많아 불판에 잘 들러붙지도 않으니 환영할 만했다. 가정에서의 소비도 늘었다. 1980년 때마침 등장한 휴대용 가스레인지 '부루스타'는 삼겹살의 저변을 더욱 확대했다.[16] 가족끼리 산이나 계곡에 놀러가 고기를 구워 먹는 것이 유행처럼 번지면서 다른 부위에 비해 저렴한 삼겹살의 인기도 높아진 것이다.

1980년대에 이르면 삼겹살은 완연히 대중적인 음식으로 자리 잡는다. 1981년 축협중앙회에서 전국 65개 정육점을 대상으로 육류 부위별 선호도 조사를 한 결과, 돼지고기는 '살코

〈쇠고기 등심 가장 좋아한다〉, 《매일경제》, 1981. 4. 24.
소고기 중에서는 등심이 가장 높은 선호도(55.8%)를 보였다.

기'가 56.7%, '삼겹살'이 39%로 나타났다. 재미있는 것은 이어지는 서술이다. "서울과 지방 도시일수록 삼겹살을 좋아하는 사람이 농촌보다 많고 농촌으로 갈수록 살코기를 좋아하고 있다." 다시 말해서 서울 및 지방 도시에서는 삼겹살 선호도가, 농촌에서는 살코기 선호도가 높게 나타났으며, 여전히 살코기 선호도가 높기는 하지만 삼겹살도 이미 꽤 많이 먹었음을 알 수 있다. 1993년에는 자주 사 먹는 돼지고기 부위로 삼겹살이 45.8%를 기록해 1위에 오른다(대한양돈협회 설문조사). 목살(19.3%), 등심(8.9%) 살코기를 한참 앞서는 수치다. 삼겹살은 갈수록 수요가 폭증해 1990년대 이후로는 수만 톤을 수입하기에 이른다. 수출용 살코기에 밀려 자국민 입안에 떠넘겨졌던 찌꺼기 부위의 신세가 180도 달라진 것이다.

이러한 변화 속에 성립된 '삼겹살에 소주 한잔'이라는 공식은 1997년 외환위기로 더욱 굳어진다. 이 시기 대만에서 구제역이 퍼져 돼지고기 수출이 막히면서 한국산 돼지고기 수출이 늘고, 국내 소비량도 늘면서 돼지고기 값은 상승세를 탄 한편, '가격 파괴'를 내세운 삼겹살 전문점들이 속속 들어선다. 돼지고기 값이 오르는 가운데서도 삼겹살은 여전히 저렴한 부위였던 것이다. 1997년 1월 7일 《한겨레》에 실린 〈외식비가 두려

운 '적자인생')이라는 칼럼은 이러한 삼겹살의 위상을 잘 보여
준다.

> "엄마 외식하자 응."
>
> 10살 된 아들이 일요일 낮부터 조르기 시작한다. 아이가 가장
> 좋아하는 것은 숯불돼지갈비이다. 한 달에 한두 번 남편과 아
> 이와 함께 집 앞에 있는 숯불돼지갈비집에서 먹곤 했다. 아이
> 는 그것이 너무나 맛있나 보다. 하지만 그렇게 먹고 싶어하는
> 숯불돼지갈비를 사줄 수가 없다. 요즘 들어 생긴 현상이다. 아
> 이는 엄마한테 안 되니까 아빠한테 가서 조른다.
>
> "아빠, 오늘 저녁은 저 앞에 있는 숯불돼지갈비집에서 먹어
> 요." 남편은 슬슬 내 얼굴을 쳐다보며 아이에게 아무 약속도 하
> 지 못한다. "안 돼, 올해부터는 우리 절약해야 해. 삼겹살 사서
> 구워줄게."

　여기에 1997년 쌀과 소고기를 제외한 농축수산물시장 전
면 개방에 따라 냉동육 수입이 본격적으로 이루어진다. 한편
기업 도산이 줄줄이 이어지면서 일자리를 잃은 이들은 재취직
에 대한 전망이 보이지 않는 상태에서 퇴직금을 탈탈 털어 창

업을 한다. 수입 삼겹살을 파격적인 가격에 내놓는 고깃집이 도시 구석구석 자리 잡게 된 요인이 여기에 있다. 지금의 치킨집이 당시엔 삼겹살집이었던 셈이다. 동시에 경영 위기에 몰린 기업들은 회식비 같은 당장 급하지 않은 지출부터 줄여나갔다. 회식 메뉴는 자연스럽게 소고기에서 돼지고기로, 특히 값싼 삼겹살로 옮겨 갔다. 한우전문점들조차 'IMF 메뉴'라며 삼겹살을 메뉴에 올릴 정도였다. 밥상 사정이 이러하니 술상 사정은 어땠겠는가. 조금이라도 저렴한 술, 조금이라도 독해서 시름을 더 빨리 잊을 수 있었던 술인 소주가 인기를 끈 것은 당연지사였다.

사람 입맛이 변하는 게 쉬운 일이 아니다. 하지만 한국 근현대사에서는 절대적 빈곤이나 정부 정책 같은 외적 요인에 의해 식탁 위가 순식간에 달라지는 일이 잦았다. 삼겹살이 그랬고, 희석식 소주가 그랬다. 고소한 삼겹살의 뒷맛이 어쩐지 소주처럼 씁쓸해진다.

불사르는 소주병

영화 〈젊은 날의 초상〉(1990)에서 대학생 영훈은 문학 동아리 활동을 하다 고민에 잠긴다. 문학에 대한 생각이 다른 친구들과는 전혀 달랐기 때문이다. 영훈은 문학을 그 자체로 좋아했지만, 다른 친구들은 민주화 운동의 수단으로 여겼다. 운동권 동료들이 영훈의 문학관을 질타하자 발끈한 그는 탈퇴를 선언하곤 동아리 방에 놓인 철제 캐비닛의 문을 열어젖힌다. 캐비닛 안에는 책 대신 휘발유통이, 그 옆으로 소주병이 빼곡하게 늘어서 있다. 소주가 아니라 소주병으로 만든 화염병이다. 문학이 아닌 투쟁의 아지트가 된 문학 동아리를 비추는 장면이다.

1980년대 많은 대학생들이 민주화 운동에 참여했다. 행동하는 지성이 세상을 바꿀 수 있다고 믿었다.

하지만 모두가 그랬던 건 아니다. "호헌 철폐! 독재 타도!"를 부르짖으며 거리로 뛰쳐나간 이들과 달리 강의실에 남아 학업을 이어간 이도, 영훈처럼 정치나 이념에서 벗어나 자신만의 문학관을 고집한 이도 있었다. 하나의 잣대로 옳고 그름을 판단하기는 어렵다. 생각과 처지에 차이가 있었을 테니까. 어쨌든 학생운동이 한창이던 시절, 대학 풍경은 영화 속 동아리방 같은 분위기였다. 소주를 마시며 소주보다 더 독한 시국에 대해 열띤 토론을 벌였다. 당시 대학생들이 꼭 소주만을 마셨던 건 아니지만, 당시만 해도 맥주는 소주보다 훨씬 비싼 술이었다. 학생운동을 하는 입장에서 값비싼 맥주를 마시는 것은 사치로 여겨졌다. 취기에 들썩이며 결속력을 다지는 술자리라면 으레 소주가 깔리게 마련이었다. 술자리가 파한 뒤엔 소주병을 버리지 않고 화염병 용기로 재활용했다.

먼저 빈 병에 시너와 휘발유를 대략 7대 3 비율로 붓고 주둥이를 솜으로 틀어막는다. 그런 다음 인화성 물질이 날아가지 않도록 랩을 씌운다. 이렇게 완성한 화염병을, 대학생들은 꽃병이라 불렀다. 꽃병은 민주화 운동의 상징이었다. 집회가 있는 날이면 다 같이 모여 만들거나 미리 눈에 띄지 않는 곳에 숨겨뒀다가 들고 나갔다. 보기엔 좀 허술해도 소주병으로 만든 화염병의 위력은 상당했다. 솜 심지에 불을 붙여 목표 지점을 향해 던지면 유리병이 깨지면서 터져 나온 휘발성 물질에 불이 옮겨붙어 주변부가 타오른다. 화염병은 경찰의 최루탄 위협에 효과적으로 대항할 수 있는 무기였다. 1980년대 농민운동을 다룬 윤정모의 장편소설 《들》에는 당시 집회 현장에서 화염병을 만들던 풍경이 잘 묘사돼 있다.

또 한옆에선 소주 됫병에다 휘발유를 넣으며 화염병 대포를 만든다. 어서 가서 소주 사 와라, 소주는 마시고 빈 병엔 휘발유를 넣으라고 아우성이지만 어디 휘발유만 넣어 화염병이 되는가. 신나와 휘발유를 알맞게 섞어 심지로 입을 꽉 틀어막아야 하건만 농민들은 참말로 소주 빈 병을 가져와서는 휘발유만 붓고 주둥이는 종이로 막기도 한다.

간혹 사이다병이나 맥주병을 화염병으로 쓰기도 했지만 대개는 소주병이었다. 다른 병에 비해 잘 깨졌을 뿐만 아니라 병목 부분을 손에 쥐기 좋고 크기도 무게도 적당해 투척하기 편했다. 무엇보다 구하기 쉽다는 게 큰 장점이었다. 학생들이 마셔 젖히는 소주도 어마어마했지만 학교 주변 술집이나 식당,

고물상에 널린 게 소주병이었다. 소주를 워낙 많이 마시니 버려지는 소주병도 흔했던 것이다. 경찰은 업소에서 학생들에게 소주병을 팔지 못하도록 단속까지 벌였지만 별 효과를 보지 못했다. 소주병만이 아니라 소주 박스 역시 활용도가 높았다. 병이 깨지지 않게 칸마다 한 병씩 고정시킬 수 있는 형태라 화염병을 집회 현장으로 옮길 때 편리하게 쓰였던 것이다. 화염병 대부분이 소주병으로 만들어지니 크기도 알맞았다.

시국 걱정하면서 소주 나눠 마시고, 다 마신 소주병은 독재에 항거하는 화염병으로 재활용하고, 소주 박스는 화염병 운반에 쓰고…… 그 시절 대학생들에게 소주는 그야말로 뭐 하나 버릴 게 없는 술이었다. 소주도 민주화에 상당한 기여를 한 셈이다.

코미디는 어렵다. 남을 울리는 것보다 웃기는 게 더 힘든 법이다. 순발력, 재치, 언제 치고 빠질지 정확한 타이밍을 재는 눈치는 물론 적절한 수위 등 다양한 요소가 필요하다. 요즘 한국에서는 보기 힘들어진 사회나 정치 풍자 코미디의 경우엔 허를 찌르는 날카로운 기지도 요구된다. 과장된 몸짓이나 표정으로 웃음을 자아내던 시기는 지나갔다. 한마디로 진짜 웃기는 코미디언이 되려면 머리가 비상해야 한다.

그런데 비교적 쉽게 사람들을 웃길 수 있는 방법이 있다. 바로 성대모사다. 대상의 특징을 절묘하게 잡아낸 성대모사 한 줄이면 관객이나 시청자로부터 빠른 호응을 얻을 수 있다. 그래서인지 코미디언 중에는 성대모사가 장기인 이들이 많다. 난다 긴다 하는 성대모사의 달인들이 있지만, 개인적으로는 어렸을 때 본 최병서의 성대모사가 지금까지도 기억에 남아 있다.

1988년, 제6공화국 출범 이후 최병서가 선보인 '1노 3김' (1987년 제13대 대통령 선거에 출마한 민주정의당 노태우, 통일민주당 김영삼, 평화민주당 김대중, 신민주공화당 김종필) 성대모사는 남녀노소를 불문하고 굉장한 인기를 끌었다. 각각의 특색이 얼마나 재치 있게 녹아 있던지, 한 번 듣고 나면 얼굴만 봐도 최병서가 흉내 낸 말이 떠오를 정도였다. 가령 김영삼 성대모사를 할 땐 '이대한(위대한)', '학실히(확실히)' 같은 사투리 발음을 강조하고, 노태우 성대모사를 할 때는 "나 이 사람, 보통 사람입니다. 믿어주세요"라는 말을 반복하는 식이었다. 특히 '보통 사람입니다'라는 말은 지금까지도 인터넷에 떠돌아다닐 만큼 엄청난 유행어가 됐다.

'보통 사람'은 1987년 제13대 대통령 선거에 출마한 노태우의 선거 슬로건이자 공약이었다. 공식 선거일정 이전에 제작된 홍보용 포스터에는 '우리의 보통 사람 노태우 민주정의당'이란 문구가 들어갔다. 또한 대선 주요 공약 열 가지 중 첫 번째가 '보통 사람들의 위대한 시대'였다. 노태우는 유세 연설 때마다 자신을 가리키며 '이 사람, 보통 사람'임을 강조했다. 이는 당시 사회상과 민심을 정확히 분석해 내세운 전략적 슬로건이었다. 13대 대선은 6·10 민주항쟁으로 전두환 독재가 무너지면서 16년 만에 직선제로 치러졌다. 오랜 군사정권에 지치고 화난 민심은 새 시대가 도래하기만을 바라고 있었다. 노태우는 집권 여당 후보이자 12·12 쿠데타 주역이었기에 입지가 불안했다. 자신의 경력에서 전두환의 그림자를 걷어내야 승기를 잡을 수 있었다. 그래서 군부 독재의 권위주의 청산을 상징하는 슬로건으로 '보통 사람'을 택한 것이다. 결과적으로 이 말은 기대 이상의 위력을 발휘해 노태우가 대통령에 당선되는 데 혁혁한 공을 세웠다. 당선 사례 광고에도 '보통 사람들의 위대한 시대를 열어갑시다'라는 문장을 넣었을 정도였다.

이러한 '보통 사람' 이미지 홍보에 적극 활용된 게 바로 소주였다. 노태우는 전통시장 등 서민적인 공간을 찾아다니면서 상인이나 행인들과 소주를 나눠 마시는 '소주 유세'를 펼쳤다. 대선 전날 마지막 유세 일정도 구로공단 인근 포장마차에서 손님들과 소주잔을 주고받은 것이었다. 이때 그는 젊은 시절 포장마차에서 참새구이에 됫병 소주를 마시던 '보통 사람'으로서의 추억담을 늘어놓으면서 "대통령이 되더라도 이렇게 다니고 싶다"고 말해 손님들로부터 박수를 받았다. 다른 후보들도 포장마차에서 소주를 마시며 서민 친화적인 모습을 연출하려 애썼지만, 노태우만큼 주목받지는 못했다. 아무래도 '보통 사람'이라는 슬로건과 '보통 사람의 술'인 소주의 이미지가 절묘하게 맞아떨어지면서 시너지 효과를 냈던 듯하다. 노태우뿐만 아니라 1980년대에는 대기업 CEO, 국회의원 등 정재계 유력인사들이 신문이나 잡지 인터뷰를 통해 소주 주량을 자랑하는 일이 흔했다. 많은 사장님들이 평소 직원들과 삼겹살에 소주를 즐긴다며 서너 병도 거뜬하다는 말을 강조했다. 소주가 의외의 소탈함과 남성성을 과시하는 수단으로 활용된 것이다.

한편 노태우는 대선이 끝난 뒤에도 한동안 '보통 사람' 이미지 홍보에 주력했다. '보통 아닌 사람'인 전두환을 백담사로 쫓아내는 등 세상이 달라졌다는 걸 확실하게 보여주려 애썼다. 최병서가 방송에서 대통령 성대모사를 할 수 있도록 '허락'한 것도 같은 맥락이었다. 최병서는 노태우가 1987년 대통령 당선 직후 열린 MBC 코미디언 송년회에 참석해 자신의 '1노 3김' 성대모사를 보고 폭소를 터뜨린 뒤 "앞으로 나이 사람을 가지고 풍자해도 좋다"라는 말을 했다고 방송을 통해 여러 차례 밝힌 바 있다. 대통령이 참석하는 공식 행사의 분위기 역시 '보통 사람' 콘셉트에 맞게 바뀌었다. 1987년 12월 23일에 열린 당선 축하연에는 포장마차 주인, 시장 상인, 환경미화원 등 '보통 사람'들이 초대됐다. 연회상에는 빈대떡, 순대 같은 '보통 음식'과 더불어 '보통 술'인 소주와 막걸리를 올렸다. 당시 민주정의당 사무총장은 행사 준비와 관련해 "노 총재의 보통 사람 이미지를 부각시키기 위해 소박하고 간소하게 치르기로 했다"면서 "술도 소주로 선택했다"고 강조했다. 1988년 2월 26일에 마련된 취임 축하연은 아예 '보통 사람들의 밤'이라는 이름을 붙였다. 이때도 버스 운전기사, 소년·소녀 가장 등 서민들이 대거 초청됐고, 음식 역시 소박하게 차려졌다. 물론 소주도 빠지지 않았다. 노태우의 소주를 향한 애착은 해외 순방길에도 여전해서 미국, 호주, 동남아 등 가는 곳마다 현지 교민들과 소주를 마셨다.

그런데 소주잔을 열심히 기울이며 그토록 '보통 사람'을 부르짖던 대통령은 퇴임 2년 반 만에 불법 비자금 의혹에 휘말린다. 수사를 통해 밝혀진 액수만 4100억 원이었다. 처음에는 "이런 해괴하고 황당한 얘기를 도저히 납득할 수 없다"며 극구 부인했던 노태우는 1995년 10월 27일 대국민사과를 한다. 이때 노태우 자신이 밝힌 액수가 '약 5000억 원'이었다. 그가 퇴임하던 1993년 도시 노동자의 연평균 소득은 1773만 원이었다. 1인당 국민소득은 600만 원. 5000억 원이면 바다를 메우고도 남을 만큼 많은 소주를 살 수 있었다. '보통 사람'의 상상을 초월하는 통 큰 배신에 진짜 보통 사람의 여론은 걷잡을 수 없이 악화됐다. 결국 노태우는 1995년 11월 한국 헌정사상 최초로 구치소에 수감된 전직 대통령이 됐다. 한 달쯤 뒤엔 전두환이 군형법상 반란 수괴 등의 혐의로 구속된다. 역대 대통령 두 명이 나란히 구속된 사건은, 그해 미국 시사주간지 타임지가 선정한 10대 스캔들 3위에 오르며 세계적인 웃음거리가 됐다. 코미디가 따로 없었다.

이런 일들이 있고 얼마 지나지 않아 한국 코미디의 전설 이주일이 14대 국회의원 임기를 마치면서 불출마 선언을 했다. 그는 "정치는 한마디로 코미디였다. 4년 동안 코미디 공부 많이 하고 떠난다"고 소감을 밝혔다. 한국에서 코미디는 확실히 어렵다. 30년이 넘는 경력을 가진 코미디언조차 정치판에서 많이 배웠다고 할 정도이니, 현실 정치에 코믹한 요소가 워낙 많아 사람들의 웃음 기대치가 너무 높다. 성대모사처럼 유쾌한 코미디가 아니라 소주처럼 쓰디쓰고 뒤끝도 개운치 않은 블랙코미디라는 게 문제지만.

사람도 소주도 서울로 가야 한다

가사에 '서울'이 50번이나 나오는 노래가 있다. 심지어 제목에서도 서울을 연달아 부르는데, 바로 조용필의 〈서울 서울 서울〉이다. 이 노래가 나온 1988년에는 서울올림픽이 열렸다. 세계 최대의 축제를 치르면서 바야흐로 서울은 국제도시로 거듭났다. 경제, 정치, 문화, 교육 등 모든 것이 서울에 집중됐다. 서울 아닌 지방에 사는 사람들은 노랫말처럼 서울, 서울, 서울 노래를 부르며 더 나은 삶의 기회를 찾아 서울로 몰려들었다. 서울에서 학교 다니고, 서울에서 취직하고, 서울에서 집 사려고 고군분투했다. 그렇게 서울 인구는 1988년 처음으로 1000만 명을 넘어섰다. 전국 각지에서 '서울 드림'을 품고 상경한 이들처럼, 이즈음 지역 소주들 역시 서울행에 가세했다. 소주 자도 판매제가 1987년 민주화와 맞물려 폐지될 조짐을 보였기 때문이다.

소주 자도 판매제란 정부가 각 지역 대표로 지정한 소주회사들에게 생산량의 50%를 연고 시·도에 출하하도록 강제하는 제도로, 1976년에 시행됐다. 참이슬(서울·경기)에서부터 처음처럼(강원), 시원한청풍(충북), 이제우린(충남), 참소주(대구·경북), 시원(부산), 좋은데이(울산·경남), 하이트(전북), 잎새주(광주·전남), 한라산(제주)까지, 이들이 현재 각 지방을 대표하는, 소주 자도 판매제에서 비롯된 지역 소주다. 본사나 공장이 해당 지역에 자리해 있다는(혹은 자리했던) 점을 들어 이렇게 분류한다. 전부 같은 희석식 소주지만 물이 다르고 감미료가 달라 맛과 향에 미묘한 차이가 있다고 한다. 열거한 소주 중 몇몇은 전에 지방 출장을 다니면서 마셔본 적이 있는데(몇몇은 이제 서울에서 쉽게 구입할 수 있기도 하고) 개인적으로는 별 차이를 느끼지 못했다. 늘 강렬한 알코올 냄새에 미각과 후각이 선점된 탓이다.

지역 소주는 소주가 한반도에 들어온 시기부터 존재했다. 남북한을 합치면 국토 면적이 그렇게 좁은 편이 아니기도 하고, 험준한 산이 많은 지형 특성상 지역 간 왕래가 원활하지 않아 지역 특산물이 만들어지는 데 유리한 환경이기 때문이다. 이는 고려 시대 몽골군 주둔지를 중심으로 개성 소주, 안동 소주, 제주 소주가 특산주로 발달한 사실에서도 알 수 있다. 오히려 증류식 소주를 생산하던 옛날에는 지역 소주의 개성이 뚜렷했다.

지역 소주가 산업화되기 시작한 건 일제강점기다. 평양, 함흥, 인천, 목포, 마산 등지에 들어선 왜소주 공장들이 대량 생산한 기계소주를 인근 지역에 공급했다. 일제 치하에서 지방정부가 지역 시장을 지키겠다며 소주 개발에 나서기도 했다. 물론 각지에서 살아남은 영세 양조자들도 지역 소주 시장의 일부를 가져갔다. 이 시스템은 해방 이후에도 유지됐는데, 1976년 소주 자도 판매제가 도입됨에 따라 지역 소주의 생산 및 유통이 강제성을 띠게 된다(술 도매상 같은 유통업체에서는 취급하는 소주의 50% 이상을 지역 소주로 채워야 했다).

그런데 이 제도보다 주목해야 할 것은 바로 1970년부터 추진된 소주 통합이다. 소주 통합이란 자도 판매제를 실현하기 위해 정부가 전국 소주회사들을 시도별로 통합한 조치다. 지역마다 소주회사가 많으면 각 지역 대표 업체에게 할당해준 최소 50%의 역내 출하량 보장 기준을 충족시키기 어려워지니

왼쪽부터 보해, 금복주, 선양에서 나온 소주병들.
금복주는 소주병에 자사 마스코트 '복영감'을 넣는데,
캐릭터 디자인으로 보아 60~70년대 소주병인 듯하다.
ⓒ국립민속박물관

다양한 소주 광고. 차례대로 1963년 백양소주 광고,
1966년 보배소주 광고, 1972년 대선소주 광고다.

인위적으로 업체 수를 줄인 것이다. 요컨대 정부가 영세업체들을 없애고 몇몇 대기업 위주로 전국 소주 시장을 재편하는 조치였다. 이에 따라 진로(서울·경기), 보해(광주·전남), 금복주(대구·경북), 무학(경남), 대선(부산), 보배(전북), 경월(강원), 선양(대전·충남), 한일(제주), 충북(충북), 삼원(광주·전남, 옛 삼학소주) 등 덩치 큰 업체들이 지역 내 군소업체들을 합병해 지역 소주를 생산하게 된다.

이런 제도를 도입한 취지는 소주 제조업체의 난립을 정비해 밀주 성행을 막고 소주 품질 향상을 꾀한다는 것이었다. 실제로 당시 일부 영세업체들이 진로, 삼학 등 유명 브랜드를 위조해 가짜 소주나 질이 좋지 않은 소주를 판매하는 경우가 왕왕 있었다. 더불어 정부는 과한 경품 행사 등 지나친 경쟁을 지양하고 부실업체의 도산을 사전에 방지할 수 있다는 점을 강조했다. 하지만 진짜 속셈은 따로 있었다. 주세를 더 쉽게, 더 많이 걷기 위함이었다. 통합 업무를 총괄한 기관이 국세청이었던 사실에서도 이를 알 수 있다. 1974년, 국세청장은 "영세 주조업을 통합·정비하여 대기업화함으로써 주조업 근대화를 위해 실시하는 것"이라고 발표했다.

통합 이전에 340여 곳이었던 소주 업체는 1973년 34곳으로 대폭 줄었다. 10% 정도만이 살아남은 셈이다. 2년 후에는 이마저도 반 토막 나 15개 사로 줄어들었고, 소주 자도 판매제가 도입된 직후인 1977년에는 13개 사가 남았다. 일부 작은 회사들은 한데 뭉쳐 합동회사를 설립하는 등 대기업에 저항하기도 했지만, 군사정권이 주정 배급 전권을 쥔 상황에서 원료 수급부터가 대기업 위주로 돌아갔다. 결국 영세업체들은 소주 생산을 포기할 수밖에 없었다.

이처럼 정부가 주도한 소주회사 통합 및 자도 판매제 도입은 크고 작은 부작용을 낳았다. 이를테면 시울·경기를 장악한 진로는 수도권으로 인구가 집중됨에 따라(즉 시장 규모가 커짐에 따라) 공룡 기업이 된 반면, 지방 소주회사들은 갈수록 위축됐다. 급기야 서울에서는 수요가 공급을 초과하며 소주 품귀 현상이 벌어지기까지 했다. 시장점유율이 85%에 달했던 진로소주 생산에 과부하가 걸린 것이다. 이 때문에 진로소주 가격은 자주 급등했다. 비싼 값을 주고도 구하기가 힘들어지니 서울의 대형 유통업체들은 소매점에서 다른 상품을 일정 금액 이상 구입하면 진로소주 한 상자를 겨우 끼워 파는 식으로 판매했다.

주정 배급제(정부가 주류 업체들의 출고 실적을 토대로 주정 공급량을 지정한 제도) 역시 어떤 기업에서는 부족하고 어떤 기업에서는 남아도는 상황을 초래해 소주 생산에 차질을 빚었다. 사적 소유, 이윤 추구 등 자본주의 체제의 기본적인 작동 원리가 무시당한 건 말할 것도 없고, 정부가 강조한 질적 측면에서도 오히려 퇴보했다는 불만이 적지 않았다. 자도 판매제가 도입된 뒤로 사실상 독과점 생산·판매를 하던 지역 소주회사들로서는 굳이 품질 향상에 투자할 필요성을 느끼지 못했기 때문이다. 어차피 희석식 소주로 단일화된 이후 소주는 맛과 향을 즐기는 술이 아닌 부담 없는 가격에 빨리 취하기 위한 술로 굳어졌으니, 질적인 면은 도외시한 채 단가 맞추기에만 급급했던 것이다. 이런 상황 속에서 소주에 사카린이 들어갔다거나 불순물이 혼입된 사건이 불거졌고, 그렇게 10여 년의 암흑기가 이어졌다.

변화가 일기 시작한 건 1987년 무렵이다. 민주화 운동이 한창이던 때, 한편에서는 정부 개입을 가능한 한 배제하려는 시장 자율화 움직임이 일어나기 시작했다. 생산량 50%의 판매를 보장받으며 안주해온 지역 소주들은 자도 판매제 폐지에 뒤따라올 무한 경쟁을 대비해야 했다. 살아남기 위해서는 규모가 가장 큰 서울 시장을 놓쳐서는 안 됐다. 1988년 보해는 도매상 10여 개에 불과했던 서울 거래처를 75개로 확대한다. 대선 역시 같은 해에 서울 영업사원을 두 배 늘려 대대적인 판촉에 나섰다. 더불어 한동안 자취를 감췄던 소주 광고가 다시 등장한다. 금복주, 보해, 대선 등은 터줏대감 진로에 맞서, 지방에서 서울로 이주한 이들의 애향심을 자극하며 신문 및 텔레비전 광고에 적극 나선다.

하지만 서울은 그렇게 만만한 도시가 아니었다. 서울 시장을 장악한 진로의 벽은 너무도 높았다. 게다가 희석식 소주 맛이 거기서 거기인데 고향 술이라고 아무리 강조한들 시장 판도를 바꾸기엔 역부족이었다. 오히려 진로가 지방 시장으로 들어오자 역내 판매량을 지키는 것조차 위태로워졌다. 이렇듯 경쟁이 치열해지자 비로소 소주회사들은 품질 개선에 관심을 갖기 시작한다. 수질, 첨가물, 포장 등 여러 면에서 차별점을 내세운 신제품들, 가령 화이트(무학), 시티, 김삿갓, 곰바우(보해) 등이 속속 등장했다. 대단한 혁신이라고는 할 수 없지만 애주가들 입장에서 선택 폭이 늘어나는 건 반가운 일이었다.

그럼에도 지역 소주의 경쟁력은 한계에 다다르고 있었다. 소주 선호도가 낮아졌기 때문이다. 서울올림픽 이후 생활 수준이 높아지고 식생활이 서구화됨에 따라 맥주와 양주의 인기가 높아졌다. 올림픽 다음 해인 1989년에 맥주 시장은 전년 대비 15.2% 성장했지만, 소주 시장은 0.4% 성장하는 데 그쳤다. 이러한 흐름은 계속 이어져서 1990년에 맥주 시장은 7.4% 늘어난 반면, 소주 시장은 오히려 1.1% 줄어들기에 이른다. 이렇듯 맥주가 대중적인 술로 자리 잡으면서 소주 시장은 정체됐다. 이에 지역 소주회사들은 공격에서 수비로 전략을 바꾼다. 서울을 공략하는 대신 집 지키기에 사활을 건 것이다.

이런 상황 속에서 1980년대부터 꾸준히 폐지한다는 말이 나오던 자도 판매제는 혼돈을 거듭했다. 1992년 폐지됐다가 지역 업체들의 원성 속에 3년 만인 1995년에 부활했다. 당시 국회에서 이 내용이 포함된 주세법 개정안을 통과시키자 지방 소주 업체들의 정치권 로비 의혹이 불거졌다. 지역 소주회사로부터 뇌물을 받은 혐의로 여야 의원들에 대한 내사를 벌이던 검찰이 돌연 수사를 중단해 또 다른 의혹이 야기되기도 했다. 말도 많고 탈도 많은 자도 판매제 부활을 놓고 수도권 시장을 점령하고 있던(즉 아쉬울 게 없던) 진로, 두산경월 같은 대기업은 즉각 반발했다. 지방 업체들은 살길이 열렸다며 안도했지만, 이 안도는 오래가지 않았다. 1996년, 헌법재판소가 자도 판매제에 대해 위헌 판결을 내리면서 지역 소주들의 보호막은 영원히 사라졌다.

상황이 이렇게 되자 지방 업체들은 수단과 방법을 가리지 않고 적극적인 방어에 나섰다. 영남권(금복주, 대선, 무학)에서는 두산경월이 진입해 오는 것을 막기 위해 OB맥주 주식을 대량 매입해 주주권 행사에 나섰다. 당시 OB맥주는 두산의 주요 계열사였다. 대주주로서 본진에 침투해 소주 사업에 차질이 빚어지게끔 두산경월에 회계장부 열람을 요구하는 가처분신 청을 제기한 것이다. 표면적으로는 "94년 이래 순수투자 목적 으로 OB맥주에 투자해왔는데 기존 경영층의 방만한 경영 등 으로 막대한 적자가 발생해 큰 손해를 봤다"[17]는 이유였지만, 회계장부 열람이 세무조사에 버금간다는 점을 고려하면 실질 적으로는 압박이었다. 결국 두산경월은 3개 사로부터 소주 한 병당 고작 1원의 로열티만 받고 소주 제조 기술과 상표 제작 권을 이전함으로써 화해를 이룰 수 있었다. 이런 갖은 노력에 도 불구하고 지역 소주들의 '서울 서울 서울' 꿈은 산산조각 났 다. 무리하게 서울로 진출하며 사업 범위를 넓히고 투자를 늘 리다 자금난에 봉착해 결국 경영권을 넘기고 마는 일이 허다 했다. 야심차게 신제품을 선보이고 치열한 광고전까지 벌이며 이뤄냈던 지역 소주들의 반짝 성과는 온데간데없이 사라졌다.

꼭 〈서울 서울 서울〉의 가사 한 구절처럼.

내 인생에 영원히 남을 화려한 축제여

눈물 속에서 멀어져가는 그대

사카린의 단맛

"난 이슬만 먹고 사는데 왜 자꾸 배가 나오는 거야?"

회식할 때마다 불룩한 아랫배를 어루만지며 입버릇처럼 이런 투덜거림을 늘어놓던 옛 직장상사 C는 별명이 금복주였다. (앞에서 금복주 소주병을 잘 살펴봤다면 이미 알아차렸겠지만) 금복주 소주병에 그려져 있는 투실투실한 복영감을 닮아서였다. 이슬만 먹고 산다는 건 물론 C가 참이슬만 들입다 마시는 걸 과장한 말이었지만, 안주든 평소 식사든 많이 먹지 않는 편인 데다 과자나 초콜릿 같은 군것질거리를 좋아하지도 않았는데 계속 살이 찌는 게 이상한 일이기는 했다.

그런데 원인은 이슬만 먹고 살았던 데에 있을지도 모르겠다. 희석식 소주에는 단맛을 내기 위해 감미료가 듬뿍 들어가기 때문이다. 바로 이 감미료 때문에 1989년 소주 시장에서 한바탕 전쟁이 일어난 적이 있다.

1989년은 바야흐로 '이상구 신드롬'이 불어 웰빙 열풍이 한창이던 때였다. 한국계 미국인 의사인 이상구는 《경향신문》에 연재한 칼럼이나 KBS 프로그램 〈이상구 박사의 새로운 출발〉 등을 통해 미국에서 유행한 채식 및 저염식 위주의 건강 식단을 권장했다. 이를 계기로 한국에서는 자연식을 추구하는 사람들이 늘어 한동안 현미, 채소, 두부, 과일 등의 소비가 급증할 정도였다. 반면 육류, 달걀, 유제품 등은 발암성 물질로 여겨져 판매에 직격탄을 맞았다. 이상구 신드롬 때문에 육류 값이 폭락했다는 기사까지 실렸을 정도이니, 축산업계·가공식품업계에서 KBS에 방영 중단을 요구했다는 것이 놀랍지 않다. 이런 와중에 타격을 입은 건 비단 식료품만이 아니었다. 소주도 마찬가지였다. 암이 걱정된다며 육류나 유제품을 꺼리는 마당에 영양소라고는 (높은 당 말곤) 찾아볼 수 없는 소주를 입에 대겠는가.

한편 1989년은 '공업용 우지牛脂 파동'이 불거진 해이기도 하다. 이 일은 한국 식품업계에서 희대의 사건으로 회자되는데, 간략히 설명하면 이렇다. 1989년 11월 검찰은 라면, 마가린 등의 제조에 식용이 아닌 공업용 우지(소기름)를 썼다는 혐의로 5개 식품회사(삼양식품, 오뚜기식품, 삼립유지, 서울하인즈, 부산유지)를 적발하고 대표 및 실무 책임자 열 명을 구속 입건한다. 당시 라면 업계 1위였던 삼양은 이 사건을 기점으로 농심에 밀려났다. 엄청난 금전적 손실은 물론 대대적인 불매운동이 벌어질 만큼 기업 이미지에도 큰 타격을 입었다. 하지만 '공업용'이라는 표현이 불러일으킨 오해와 달리, 식용 가능한 우지라는 사실이 나중에서야 밝혀졌다. 어쨌든 라면 업계가 이렇게 뒤흔들리는 동안 소비자들이 식품 안전성 문제에 예민해진 것 역시 소주 업계에 영향을 미친 한 요인이었다.

소주 업계에서 모색한 돌파구는 건강에 좋지 않은 이미지를 걷어내는 것이었다. 가뜩이나 자도 판매제 폐지 움직임에 지역 소주회사들의 서울 진출과 경쟁이 격화되면서 제품 차별화가 절실한 시점이기도 했다. 가장 먼저 포문을 연 건 전남의 보해양조다. 1989년 3월, 보해는 '무無사카린 소주'를 내놓는다.

사카린은 석탄이나 석유에서 뽑아내는 인공감미료로, 사탕수수나 사탕무로 만든 설탕보다 단맛이 300배 이상 강하다. 19세기 말에 처음 발견된 뒤 가공식품업계에서 일찌감치 설탕 대체재로 활용됐다. 아주 적은 양만으로도 단맛을 낼 수 있어 설탕을 쓸 때보다 제조 원가를 훨씬 낮출 수 있었기 때문이다. 한국에서는 일제강점기에 도입되어 청량음료, 아이스크림 등에 사용됐다. 희석식 소주 역시 사카린이 쓰인 것 중 하나였다. 당시 사카린은 인공 합성물이라는 점 때문인지 '가짜 설탕'이라며 (인체에 유해하다는 주장이 반박된 지금까지도 그렇듯이) 유해한 싸구려 원료 취급을 받았는데, 물자 부족이 심각했던 60~70년대에는 값싼 설탕 대용품으로 각광받았다. 먹을 게 부족하니 사카린이든 설탕이든 가릴 여유가 없었던 것이다. 1966년 한국 사회를 발칵 뒤집어놓은 사카린 밀수 사건(삼성 계열사인 한국비료공업주식회사가 사카린을 건설 자재로 위장해 대량 밀수한 사건으로, 당시 이 사건을 둘러싸고 박정희 정부가 밀수를 방조, 묵인했다는 의혹이 제기됐다)에는 이런 배경이 있었다.

어쨌든 소주 이야기로 돌아오면 1964년 증류식 소주가 금지되고 희석식 소주의 생산 및 판매만 허용됨에 따라 사카린 수요는 더욱 늘었다. 밥알을 씹으면 자연스러운 단맛이 나는 것처럼, 전통 방식으로 내린 증류식 소주에는 곡물 본연의 달콤한 맛과 향이 은은하게 배어 감미료를 따로 넣을 필요가 없었다. 하지만 희석식 소주는 달랐다. 순도 95% 알코올에 물을 탄 희석식 소주를 마실 만하게 만들려면 감미료든 향료든 뭐든 넣어야 했다. 소주회사들은 강한 쓴맛을 감추기 위해 값비싼 설탕 대신 시클라메이트, 사카린 등을 사용했다. 시클라메이트는 설탕보다 30배 이상 단맛을 내는 인공감미료로, 미국에서 방광암을 유발할 수 있다는 연구 결과가 나와 파문이 인 뒤 한국에서는 1969년에 사용이 금지된다. 이후 사카린이 소주에 단맛을 내는 대표적인 원료로 자리 잡는다.

그런데 사카린 역시 1977년 미국 식품의약청(FDA)에서 발암 가능성이 있다고 발표해 유해성 논란에 휩싸이게 된다. 미국과 캐나다, 몇몇 유럽 국가들은 한동안 사카린 사용을 금지했지만 한국에서는 사카린 소주가 계속 생산됐다. 소주를 마실 때 소주병을 뒤집어 팔꿈치로 탁탁 때린 뒤 첫 잔을 따라 버리는 습관은, 이것이 병 밑에 가라앉은 사카린 불순물을 제거해준다는 속설에서 비롯된 것이다. 이제는 일종의 술자리 관습으로만 남았지만.

어쨌든 사카린 소주는 1988년에 다시 한 번 구설수에 오른다. 소주회사들이 수출용 소주에는 설탕을, 내수용 소주에는 사카린을 넣는다는 사실이 밝혀지면서였다. 내수 차별에 대한 반발감에 '이상구 신드롬'이 일으킨 건강 열풍까지 겹쳐지

보해의 무사카린 소주 광고.

면서 소주 자체에 대한 불신과 기피가 확산됐다. 보해가 사카린 대신 천연감미료인 과당을 넣은 신제품을 선보인 것은 바로 이 시기였다. 보해는 소비자의 건강을 위해 무사카린 소주를 개발했다며 대대적인 광고를 펼쳤다. 이런 전략이 먹혔는지 서울·경기 지역에서의 시장점유율이 한 달 만에 10%가량 껑충 뛰었다. 이어 금복주에서 소르비톨(당 알코올의 일종으로, 감미료로 쓰일 뿐만 아니라 치약에도 쓰인다)을 넣은 소주를 내놓자, 이런 흐름에 뒤처진 진로가 유통업계에 압력을 넣어 무사카린 소주 판매를 방해한다는 의혹이 제기되기도 했다.

사카린이 실제로 유해하든 아니든 대세는 이미 무사카린 소주로 기울었다. 여기에 1989년 12월에 정부가 사카린 소주 전면 금지를 발표하면서 소주 업체들은 선택의 여지없이 무사카린 소주를 생산해야 했다. 아스파탐(여전히 막걸리에 자주 들어가는 감미료다), 스테비오사이드(지금은 스테비아로 잘 알려진) 등 사카린보다 좀 더 비싼 감미료도 쓰이기 시작했다. 그런데 소주 애호가들은 오히려 울상이었다. 원료 값 인상 등을 이유로 1990년 소주 가격이 대폭 인상됐기 때문이다. 불과 1년여 만에 소매가가 두 배 가까이 뛰었다.

어쨌든 간에 소주 감미료 논란은 사카린 파동 이후에도 꾸준히 반복됐다. 사카린을 대신해 사용된 아스파탐이나 스테비오사이드 역시 유해성 논란에서 자유롭지 못했기 때문이다. 1994년에는 호주 정부가 한국산 소주의 스테비오사이드(호주에서는 금지된 감미료였다) 함유 사실을 문제 삼아 전량 폐기하는 일이 벌어지기도 했다. 이런 일이 불거질 때마다 업체들은 다른 감미료를 찾느라 분주했고, 올리고당이나 벌꿀을 넣어 가격을 대폭 높인 고급 소주를 내놓기도 했다.

사카린 파동 당시만 해도 천연감미료로 대접받던 설탕이 2000년대 이후 각종 성인병의 원인으로 지목되자 소주 업계는 또다시 '무설탕 소주'로 한바탕 전쟁을 치렀다. 진로가 2007년 참이슬 후레쉬를 출시하면서 무설탕 소주로 광고한 것이 경쟁사들을 자극한 것이다. 진로는 '설탕을 뺀 껌, 설탕을 뺀 요거트, 설탕을 뺀 주스, 설탕을 뺀 소주'라는 광고 문구를 내세웠는데, 두산 등 다른 업체들은 이 문구가 마치 타 제품에는 설탕이 들어간 것처럼 오해를 야기할 여지가 있다고 반발하면서 허위 및 비방 광고라며 공정거래위원회에 제소했다.

한편 정부가 퇴출시켰던 사카린 소주는 22년 만인 2012년에 다시 허용됐다. 유해성을 입증할 수 없다는 여러 연구 결과가 나온 뒤 미 환경보호청이 2010년 사카린을 유해 우려 물질

목록에서 삭제한 데 따른 조치였다. 소주회사를 비롯한 가공 식품업계에서는 환영했다. 어찌 됐든 간에 사카린은 경제성이 높은 원료이니 말이다. 일각에서는 사카린 소주야말로 진정한 '웰빙 소주'라는 주장을 내놓기도 했는데, 사카린은 설탕처럼 체내에서 당분으로 흡수되지 않기 때문에 비만, 당뇨 등 성인병 질환자에게 오히려 유익하다는 논리였다.

이랬다가 저랬다가……. 소주라는 술도, 소주 업계도 참 요지경이다. 그 자체로는 도저히 맛과 향을 개선할 수 없어 어떻게든 인위적으로 단맛을 살려야 하는 희석식 소주의 숙명일 테지만.

1991년 7월, 전북지역 소주회사인 보배는 신제품 '호好'를 출시하면서 다음과 같은 광고를 신문에 게재했다.

잠들어 있던 소주의 새로운 맛이 깨어나고 있다. 정통 쌀, 보리 소주 호. 소주도 맛으로 선택하세요.

잠들어 있던 우리 정통 소주의 향과 맛을 새롭게 재현시킨 고급 정통 쌀, 보리 소주 호. 가슴에 와닿는 첫 향에서 마음을 적시는 끝 맛까지. 보배만의 독특한 양조기술이 탄생시킨 그 비교할 수 없는 맛과 향의 세계를 이제 직접 만나보십시오.

앞서 말했듯 1964년 정부는 증류식 소주를 금지

할 때 쌀, 보리 등 곡물을 소주 원료로 쓰는 것도 함께 금지했다. 희석식 고구마 소주로 강제 단일화됨에 따라 소주 본연의 맛과 향은 죽었다. 감미료를 넣어 맛을 냈을 뿐. 그런데 그로부터 27년 만에 쌀과 보리로 만든 소주가 돌아온다. 보배가 광고에서 '잠들어 있던' 소주 맛이 깨어났다고 강조한 이유가 여기에 있다. 물론 조선의 왕이나 사대부가 마시던 전통 순곡 소주와는 차이가 있었다. 호는 증류식 소주가 아닌 혼합식 소주였다. 혼합식 소주는 희석식 소주에 곡물 주정을 첨가하는 방식으로 만든다. 곡물 주정 함유율은 제품마다 차이가 있었는데, 19.9%가 최대치였다. 보배가 옛 소주를 되살렸다는 표현 대신 정통 소주의 향과 맛을 '새롭게 재현'했다거나 '보배만의 독특한 양조기술'이라고 쓴 건 그런 연유에서다.

국세청은 주세법을 개정해 혼합식 소주의 생산 및 판매를 1991년부터 허용했다. 덕분에 호 같은 쌀·보리 소주가 출시될 수 있었다. 하지만 법이 바뀐 게 이제까지 내팽개쳐온 전통주 문화에 갑자기 관심이 높아졌기 때문은 아니었다.

당시 정부는 5~6년 묵은 정부미(정부가 비축해둔 쌀) 처분 문제로 골머리를 앓고 있었다. 농기술 발전과 풍작으로 쌀 생산은 늘었지만 소비는 갈수록 줄어 매년 재고로 쌓이는 쌀이 어

1966년 보배 소주 광고.

마어마했다. 이를 해결하기 위해 정부는 학교 급식에 쌀밥을 내게 하거나 쌀을 활용한 가공식품 개발을 지원하는 데 적극 나섰다. 쌀이 비만, 고혈압 등을 예방하는 최고의 건강식품이 라며 홍보에도 열을 올렸다. 불과 20~30년 전만 해도 쌀이 아 닌 밀, 잡곡 등이 영양소가 풍부하다며 혼분식을 장려했건만 쌀이 남아돌게 되자 말을 바꾼 것이다. 27년 만에 혼합식 소주 생산을 허용한 것도 바로 그 같은 논리에서였다. 소주는 워낙 많이 마시는 술이니 정부미를 대량 처분할 묘안이라 여겼던 듯하다. 정책 실패로 과잉 생산된 고구마를 처리하기 위해 희석식 고구마 소주가 등장하게 된 배경과 놀랄 만큼 똑같다.

잉여 농산물을 처리하는 역할을 맡은 게 소주뿐이었던 건 아니다. 막걸리도 비슷한 역할을 했다(아마 지구상에 존재하는 많은 술이 이런 역할을 도맡았을 것이다). 박정희 정부는 1964년 곡물로 빚은 증류식 소주 생산을 금지할 때, 마찬가지로 막걸리 원료도 고구마나 옥수수, 수입 밀 따위로 대체하게 했다. 이런 낯선 재료로 억지스럽게 담근 막걸리들은 전통 쌀 막걸리의 톡 쏘면서도 구수하고 은은한 단맛을 내지 못했다. 단지 시큼하고 텁텁했을 뿐. 더욱이 농산물 가격이나 수급 현황에 따라 어느 해에는 고구마를, 어느 해에는 수입 밀을 주원료로 활용하는 등 재료 규정에 혼선이 거듭되면서 막걸리 맛도 수시로 변했다. 결국 1971~1975년 소주 소비량이 115% 증가하는 동안 막걸리는 겨우 8% 증가에 그친다. 총생산량에서는 여전히 막걸리가 소주보다 많았지만 매출액 규모는 소주가 이미 막걸리의 두 배에 가까웠다. 막걸리는 한국전쟁 직후 저질 막걸리가 범람한 탓에 도시 서민의 술상에서 밀려났는데, 농민들에게서도 점차 외면당했다. 농사일 할 때 마시는 술이라는 뜻으로 '농주農酒'라고도 불리던 막걸리의 위상은 한없이 위태로웠다.

이러한 가운데 1977년 쌀 막걸리 생산이 다시 허용된다. 식량 부족 국가였던 한국은 이즈음 새마을운동이 성과를 내고 풍년이 겹치면서 쌀이 남아돌게 된다. 쌀값이 폭락하는 가운데 정부미 재고가 지나치게 늘어나자 쌀 소비 촉진이 시급해졌다. 정부는 막걸리의 주원료로 쌀만 쓰도록 규정을 뜯어고치는 한편, 쌀 막걸리 제조 강습회를 여는 등 보급에 적극 나섰다. 14년 만에 쌀 막걸리가 귀환한다는 소식에 애주가들은 물론 막걸리 업계, 언론 등 모두가 들뜬 기색을 감추지 않았다. 반면 소주 업계는 잔뜩 긴장하며 대책 마련에 부산했다.

마침내 1977년 12월 7일(서울 등 수도권은 8일), 쌀 막걸리가 돌아왔다. 전국 대폿집들은 초저녁부터 쌀 막걸리를 맛보려는 주객들로 문전성시를 이뤘다. 나이 든 사람들은 반갑다며 주문하고, 젊은 사람들은 새롭다며 주문했다. 쌀 막걸리만 찾는 손님들이 몰리면서 '쌀 막걸리 떨어졌습니다'라는 안내문을 내붙이는 가게들이 속출했다. 평소와 달리 소주 마시는 테이블은 거의 눈에 띄지 않았다. 호프집들은 썰렁했다. 쌀 막걸리 수요가 폭발하자 대폿집에서 웃돈을 받고 파는 일이 비일비재했고, 몇몇 비양심적인 도매상들이 물을 타서 유통시키는 일까지 벌어졌다.

하지만 소주 업계의 우려가 무색하게 막걸리 붐은 오래가지 못했다. 기대가 너무 컸던 탓인지, 쌀 막걸리에 실망한 이들이 많았다. 중장년층에서는 "옛 맛이 아니다"라는 혹평이 줄을 이었다. 그랬다. 전처럼 쌀을 쓰기는 썼는데 맛이 안 따랐다. 정부가 막걸리를 빚는 데 오래 묵은 비축미만 쓰게 한 데다 그 품종마저 맛없기로 유명한 통일쌀이었기 때문이다. 애초부터 좋지 않은 원료로 빚은 술이 좋은 맛과 향을 낼 리 만무했다.

문제는 맛만이 아니었다. 밍밍하다거나 싱겁다는 반응도 많았다. 막걸리 도수는 1950년대까지만 해도 8도였으나 군사 정권 시절에 6도로 낮아졌다. 25~30도짜리 소주에 길들여진 술꾼들에게 고작 6도인 쌀 막걸리는 약해도 너무 약했다. 한편 경제 발전과 식생활 서구화의 영향으로 젊은 층에서는 맥주 선호도가 높았다. 소주보다 순한 술을 찾을 때 이들이 선택하는 건 맥주였지, 막걸리가 아니었다. 쌀 막걸리 가격이 기존 밀 막걸리보다 비싸 가격 경쟁력이 떨어지는 것도 문제였다. 농촌에서조차 쌀 막걸리를 외면했다. 정부는 또다시 고민에 잠겼다. 대통령이 공식 석상에서 여러 차례 이 문제를 언급할 정도였다.

그런데 이 고민은 뜻하지 않게 곧 해결된다. 1979년 쌀 부족 문제가 다시 대두되면서였다. 막걸리 원료는 2년 만에 한국산 쌀에서 수입산 밀로 대체된다. 이후 11년간 금지됐던 쌀 막걸리는 쌀 소비 확대 정책이 시행된 1989년(시판은 1990년)에야 다시 허용된다. 하지만 정책이 갈팡질팡하고 원료가 들쑥날쑥하는 통에 막걸리 산업은 내리막길을 벗어날 수 없었다.

같은 시기 자도 판매제 폐지와 소주 소비 침체로 시름이 컸던 소주회사들은 소주 원료로 쌀이나 보리를 쓸 수 있다는 것을 위기의 돌파구로 여겼다. 싸구려 술의 대명사인 소주를 개선시켜 고급화된 대중의 입맛을 사로잡고 소주 문화를 바꿔보겠다는 야심을 품었다. 이에 따라 무사카린 소주에 이어 곡물 소주 경쟁이 치열하게 전개됐다. 진로의 보리 소주 '비선'과 보배의 쌀·보리 소주 '호'를 비롯해 1991년 한 해에만 대선의 '오륙도', 무학의 '한맥'과 '한맥 순', 금복주의 '고우'와 '금복주 슈퍼골드', 경월의 '설향' 등 혼합식 곡물 소주가 줄지어 출시됐다.

증류식 순곡 소주도 다시 등장했다. 보배의 '옛향'이 대표적이다. 부활한 증류식 순곡 소주를 빚은 건 비단 기업만이 아니었다. 개인 양조업자들도 있었다. 1991년 술 제조 면허가 전면 개방됨에 따라 누구든지 요건만 갖추면 양조업에 뛰어들 수 있었다. 오늘날 한국의 명주로 자리매김한 문배주(서울)와 안동소주(안동)가 합법적으로 다시 생산, 판매되기 시작한 것도 바로 이 무렵이다. 도수가 40도에 이르는 문배주는 원래 평양 일대의 향토 술이었다고 한다. 좁쌀, 수수 등으로 만들지만 그 윽한 문배꽃 향이 난다고 하여 그런 이름이 붙여졌다. 이 술을 되살린 주인공은 중요무형문화재 86호 이경찬. 그는 평양에서 4대째 양조장을 운영하다가 한국전쟁 당시 월남했다. 서울 미아리에 터를 잡고 고향의 전통술인 문배주를 만들어 팔았는데, 증류식 순곡 소주가 금지되자 양조업에서 아예 손을 뗀다. 희석주는 술이 아니라는 고집 때문이었다. 이후로는 집에서 제사용으로만 문배주를 제조하며 명맥을 이어왔다고 한다. 북에서 태어나 한국전쟁으로 인해 남에서 되살아난 문배주는, 남북정상회담 만찬에 공식 술로 오르는 등 한반도 화합의 술로 거듭났다.

그렇지만 그런 명예를 누린 것도, 대중의 기억 속에 남은 것도 몇몇뿐이었다. 문배주, 안동소주 등 장인들이 빚은 전통 증류식 소주는 마니아층을 확보해 살아남았지만 이 시기에 나온 혼합식 소주나 증류식 소주 대부분은 (쌀 막걸리가 그랬듯) 초반에만 반짝 인기를 누렸다가 이내 잊히거나 사라졌다. 특히 진로가 아낌없이 투자했던 야심작 '비선'은 겨우 1년여 만에 생산이 중단되며 뼈아픈 실패작으로 남았다.

문제는 가격이었다. 업체들은 이들 소주가 희석식 소주보다 급이 높은 프리미엄 소주라며 세 배 넘는 비싼 값을 매겼다. 하지만 소주라는 술은 한국인에게는 이미 '싼 술'로 이미지가 굳어져 있지 않던가. 전통을 잇는다거나 원료 고급화를 이뤘다거나 하는 사실을 아무리 강조한들, 사람들은 소주가 비싸다는 사실을 받아들이지 못했다. 증류식 소주야 그렇다 쳐도 혼합식 소주는 고급 술로 구분하기 애매하기도 했다. 무엇보다 희석식 소주의 인공적인 맛과 향에 오랜 세월 길들여진 탓에 굳이 더 비싼 값을 치르면서까지 프리미엄 소주를 사 마실 필요성을 느끼지 못했다. 좋은 술이라면 양주, 청주, 약주 등 다른 옵션이 얼마든지 있었다. 결국 소주회사들이 깨워 일으킨 곡물 소주는 다시 잠들어버렸다.

칵테일 소주에서 과일 소주로

1993년, 아모레(현 아모레퍼시픽)의 남성용 화장품 '트윈엑스' 광고는 한국에서 X세대 신드롬을 일으키는 촉매제가 됐다. 배우 이병헌(1970년생, 당시 23세)과 가수 김원준(1973년생, 당시 20세)을 모델로 내세워 '나, X세대?'라는 카피를 선보였다. 광고가 흥하면서 두 스타는 X세대의 아이콘으로 부상했다. 덧붙이자면 트윈엑스는 10대 후반부터 20대 중반까지 젊은 남성을 겨냥한 신제품이었다. 아모레의 기존 남성용 화장품 브랜드인 '쾌남'과 소비 연령대의 차별화를 꾀하면서 X세대 콘셉트를 투영한 것이다. 쾌남은 목욕탕 세면대에서 흔히 볼 수 있었는데, 향이 매우 자극적이고 알코올 함량이 높으면서 패키지가 투박했다. 반면 트윈엑스는 향이 비교적 순하고 디자인이 (당시로서는)

세련됐다는 점에서 달랐다. 트윈엑스의 등장과 함께 쾌남은 졸지에 아저씨 화장품 신세가 됐다. 트윈엑스는 X세대 붐을 타고 출시 1년여 만에 쾌남을 제치며 남성 화장품 판매량 1위에 올랐다.

그런데 트윈엑스의 TV 광고는 브랜드 인지도를 높이는 데에는 성공했지만, 정작 무슨 메시지를 전달하려는 건지 이해하기 어려웠다. '나는 누구인가', '이성 〈 느낌'처럼 생뚱맞은 카피를 넣거나 모델 얼굴을 클로즈업하는 등 감성적인 영상 위주로 연출됐기 때문이다. 그나마 지면 광고에서는 X세대의 정의가 짧게나마 소개됐다. '기성세대의 틀을 벗어나 자기 자신의 가치관을 소유한 새로운 유형의 신세대. 각 개인마다 다양한 특성을 갖고 있기 때문에 한마디로 정의 내리기 어려워 X세대로 불린다.'

X세대라는 용어는 1991년 캐나다 작가 더글러스 커플랜드가 발표한 소설《X세대》에서 비롯됐다.《X세대》는 뚜렷한 인생의 목표를 찾지 못한 채 방황하는 20대 남녀 세 명을 그린 작품인데, 커플랜드는 이들을 X세대라 명명했다. 이 말이 미국에서 유행하기 시작한 건 클린턴 행정부가 출범한 1993년 즈음이다. 미국 대중 매체들이 40대 대통령을 탄생시킨 젊은

지지층을 주목하면서, 이들에게는 이전의 베이비부머 세대와 확연히 다른 점이 있다고 강조했다. 심각한 재정 적자로 인해 부모 세대보다 경제적으로 가난해진 점, 고학력 인플레이션에 따른 취업난, 개인주의적 성향 등이 특징으로 꼽혔다. 그러면서 커플랜드의 소설 제목을 차용해 이들을 X세대라고 부르기 시작했다. 작품 속 주인공들의 가치관과 생활상이 당시 젊은 세대의 현실을 대변한다고 본 것이다. X세대의 연령 범위는 견해에 따라 조금씩 차이가 있었지만, 대체로 1960년대 중반부터 1970년대 후반까지 태어난 이들을 가리켰다.

한국에서도 X세대라는 말이 쓰이기 시작한 건, 미국에서 이 말이 유행하는 것을 포착한 한국 광고업계가 마케팅에 그대로 써먹으면서였다. 아모레의 트윈엑스가 대표적이다. 이후 뭐든 갖다 붙이기 좋아하는 매스컴이 호들갑을 떨면서 순식간에 X세대 열풍이 불었다. 하지만 한국의 젊은 세대를 동일한 X세대로 묶어 의미를 부여하기에는 여러모로 아귀가 안 맞았다. 교육 체계에서부터 경제적 상황, 정치적 상황 등 모든 면에서 미국과 다른 점이 많았다. 그래서인지 한국의 X세대 개념은 광고업계의 주도하에 주로 소비 문화를 부추기는 면이 부각됐다. 개성이나 감성을 중시하며 독특한 디자인 상품과 각종 놀이 문화에 아낌없이 지출하는 젊은이들을 X세대로 규정한 것이다. 이 때문에 비슷한 시기에 이슈가 된 오렌지족과 혼동되기도 했다. 어쨌든 X세대는 입는 것도, 먹는 것도 파격적이고 남달라야 했다. 소주도 마찬가지였다. X세대 열풍과 맞물려 새로운 소주 문화인 소주방과 칵테일 소주가 유행했다.

글쎄, 요즘은 소주방이라는 단어마저 낯설어진 것 같지만 전에는 소주방이라 하면 코인 노래방처럼 칸칸이 분리된 룸에서 소주를 마시는 곳, 혹은 소주에 간단한 안주를 곁들여 마시는 곳으로 통했다. 그런데 소주방이 처음 생겼을 당시에는 칵테일 소주를 파는 술집을 가리켰다. 칵테일 소주는 소주에 체리, 레몬, 오렌지 등 과일액이나 탄산음료를 섞어 새콤달콤한 맛과 향을 살리고 도수는 낮춘 술이다. 독하고 냄새가 역해 소주를 멀리했던 여성들도 칵테일 소주는 쉽게 마실 수 있었다. 더욱이 소주방은 여느 술집과 달리 카페처럼 깔끔하고 아기자기한 분위기로 꾸며져 있어 데이트 장소로 인기가 높았다. 1980년대 운동권 대학생들이 술판을 벌이던 어두침침한 학사주점과는 전혀 달랐다. 감성적인 X세대의 취향에 부합한 소주방은 1993년부터 대학가, 압구정동 로데오거리 등 젊은이들이 즐겨 찾는 지역에 속속 들어서기 시작했다. 수요가 급속도로 커지자 소주방 프랜차이즈까지 여러 곳 생겼다. 1995년 서울YWCA의 설문조사에서 X세대가 즐겨 찾는 장소 2위에 소주방(37.7%)이 올랐을 정도다.

소주회사들은 이 절호의 기회를 놓치지 않았다. 너도나도 레몬, 체리 등 과일액을 섞은 10~15도의 칵테일 소주 제품을 선보였다. 1994년 진로가 '레몬15'와 '체리15'를 출시한 5월부터 그해 연말까지 8개월간 칵테일 소주 매출은 3억 9000만 원에 불과했으나 1995년 1월부터 7월까지는 48억 8000만 원으로 12.5배나 늘었다.

하지만 신드롬이나 붐은 생명이 짧은 법이다. 지겹도록 들리던 X세대 이야기는 언제 그랬냐는 듯 3~4년 만에 사그라졌다. 광고업계가 조장한 X세대의 소비지향적 문화도 1997년 외환위기로 완전히 끝장났다. 이렇듯 세대 마케팅은 수명이 짧긴 하지만 강력한 이점이 하나 있다. 계속해서 다음 세대가 등장한다는 것이다. 1999년, 미국에서 Y세대(1978년~1994년생)를 띄우자 이번에는 Y세대 마케팅이 유통업계를 휩쓴다. X세대는 흘러간 유행가 취급을 받았다. 대학가를 가득 메웠던 소주방들 역시 하나둘 폐업했다. 소주회사들이 경쟁적으로 내놓았던 칵테일 소주도 사라졌다.

유행은 돌고 돈다고, 자취를 감췄던 칵테일 소주가 '과일 소주'로 불리며 시장에 돌아온 건 2015년이다. 두산의 소주 사업을 인수하면서 소주 업계 2위로 부상한 롯데가 '처음처럼 순하리'를 내놓은 게 시작이었다. 미량의 유자 농축액과 유자 향을 첨가한 이 소주는 SNS에서 화제를 모으며 출시 1개월 만에 150만 병, 2개월째엔 1000만 병이 팔려나갔다. 편의점마다 동이 나면서 유자맛 소주를 구하러 다른 동네 편의점까지 원정을 가는 이들이 등장할 정도였다. 그러자 소주회사들은 자몽, 석류, 복숭아, 사과, 애플망고, 복분자, 블루베리, 바나나 등 20여 종에 이르는 과일 소주를 경쟁적으로 내놓았다. 20년 전과 똑같은 양상이 펼쳐진 것이다. 하지만 이번에도 유행은 짧았다. 이마트의 월별 전체 소주 매출에서 12.9%(2015년 7월)까지 치솟았던 과일 소주 비중은 1년도 채 지나지 않아 10분의 1 수준인 1.2%(2016년 4월)로 고꾸라졌다.

'립스틱 효과'라는 경제학 용어가 있다. 불경기에 립스틱처럼 비교적 저렴한 기호품 매출이 늘어나는 현상을 의미한다. 대공황이 닥친 1930년대 미국, 소비가 전반적으로 침체된 가운데 유독 립스틱 판매량이 높게 나타난 데서 비롯된 말이다. 경제 상황이 어려워지면 생계와 직결된 생필품 구입에만 돈을 쓸 것같은데, 실상은 그렇지 않다. 주머니 사정이 나빠져도 사람들에게는 기호품을 향한 욕망이 여전히 살아 있다. 하지만 사치품을 살 여유는 부족하니 저렴한 립스틱이라도 새로 사서 화사하게 꾸미며 기분 전환과 대리만족을 추구하는 것이다.

불황에 오히려 '나 홀로 호황'을 누리는 저비용 고효율의 기호품들은 립스틱 말고도 더 있다. 넥타이나 미니스커트가 대표적이다. 이유가 대충 짐작이 갈 텐데, 콘돔도 잘 팔린다고 한다. 술 중에서는 소주가 그렇다. 맥주나 양주를 마시던 이들이 소주로 주종을 바꾼다. 술을 끊을 수는 없으니 가격이 저렴하고 도수는 높은, 가성비 좋은 술을 찾게 되는 것이다. 소주가 울적하고 속상할 때 더 생각나는 술이라는 점도 무시할 수 없다. 불황은 사람들의 기분을 다운시킨다.

프롤로그에서 외환위기 당시 아버지가 운영하던 주류도매점에서 소주가 더 팔렸다는 이야기를 했는데, 이러한 경향은 전체 주류시장에서도 마찬가지였다. 외환위기가 터진 뒤 1998년 1~11월의 술 소비는 전년 대비 맥주 17.4%, 위스키 20.2%, 청주 45.7%의 감소세를 보였다. 전반적으로 부진하다 못해 충격적일 정도다. 이 가운데서 오직 소주만 4.8% 늘었다. 이 통계 자료에서 특히 눈에 띄는 것은 6월이다. 6월이면 이제 막 더위가 시작되는 시기다. 보통은 소주보다 맥주가 더 잘 팔린다. 그러나 1998년 6월에는 소주 판매량이 전년 대비 31.2% 증가한 반면 맥주 판매량은 크게 줄었다. 이를 두고 일각에서는 이즈음 기업의 정리해고가 본격적으로 이루어지기 시작한 게 영향을 끼쳤다고 주장하기도 했다. 동료가 나가는 것을 보며 불안해진 직장인, 혹은 회사에서 갑자기 밀려난 퇴직자들이 괴로운 마음에 소주를 찾았다는 것이다. 이처럼 '불경기엔 소주' 공식이 통한 사례는 외환위기 말고도 더 있다.

1971년 닉슨쇼크가 일어났을 때도 그랬다. 닉슨쇼크는 미국 대통령 리처드 닉슨이 달러 가치 하락을 막기 위해 1971년 8월 금과 달러의 교환을 중지하는 한편, 수입품에 10% 관세를 부과하는 보호무역 정책을 발표하면서 전 세계적으로 발생한 경제적 충격을 가리킨다. 수출 의존도가 높은 한국은 수출 부진에 내수까지 쇠퇴하면서 상당 기간 경기 침체를 겪었다. 1972년 국세청 조사에 따르면 당시 고급술로 분류됐던 청주, 맥주 등은 소비가 감소한 반면, 저급술인 막걸리와 소주는 늘었다.

이후 1970년대 말에 고공행진 중이던 맥주와 위스키의 판매 증가세가 1980~1981년 급격히 꺾이고 소주가 다시 잘 팔리게 된 원인 역시 해외발 악재에 있었다. 1979년의 제2차 오일쇼크 여파가 지속되면서 한국 경제가 상당히 어려워졌던 것이다. 1992년, 소주 소비가 오랜 침체에서 벗어나 모처럼 되살아난 것 또한 외국의 경제 상황에 기인했다. 1991년에 시작된 (지금은 '잃어버린 20년'이라고 칭하는) 일본의 장기 불황과 미국 보호무역 강화 조치가 이유였다. 두 나라에 대한 무역 의존도가 높았던 한국의 경제 상황은 온전할 수 없었고, 타격을 입은 서민들은 또다시 소주잔을 채웠다. 2003~2004년에는 가계부채, 신용불량자 급증 등 내부적인 요인으로 불황이 심각해졌다. 이때도 많은 이들이 소주를 들이켜며 울분을 달랬다.

그런데 예외가 생겼다. 2008년 9월, 리먼 브라더스 사태로 촉발된 미국발 금융위기다. 환율 급등, 고용 불안 등 경제적으로 몸살을 앓은 2009년에 소주 소비가 전년 대비 6.4% 줄었다. 대신 막걸리 소비가 같은 기간 49%나 폭등했다. 건강에 좋다며 막걸리 붐이 일기도 했지만, 살기가 너무 힘들다 보니 서민들이 소주보다 더 싼 막걸리를 찾은 게 아니냐는 말이 나왔다. 한편 같은 시기에 수입 위스키 소비는 8.9% 감소했다. 주춤하기야 했지만 이전에 불경기가 닥쳤을 때 수십에서 수백%씩 급감했던 것을 감안하면 꽤 선방한 셈이다. 10년 전인 1999년과 비교하면 소비가 오히려 69.1% 늘어난 것으로 나타나기도 했다. 값비싼 수입 위스키 아니면 싸구려 막걸리. 양극화의 그늘은 한국인의 술상에도 드리우며 '불경기엔 소주' 공식까지 깨뜨렸다.

흔들어라, 깨끗하니까

아이유와 제니. 책이 책이니만큼 눈치가 빠르거나 소주 광고를 유심히 본 사람이라면 무슨 이야기를 하려는지 벌써 알아챘을 것이다. 그렇다. 소주 이야기를 할 때 빠지지 않는 화제, 광고 모델이다. 2021년 현재 두 사람은 각각 진로 참이슬과 롯데칠성 처음처럼의 얼굴이다. 2019년 술병 등 주류 용기에 연예인 사진을 부착하지 못하게 규제하는 국민건강증진법 개정이 추진된 이후에도(아직까지 법 개정은 이루어지지 않았지만, 성 상품화 논란이 일면서 여성 광고 모델 사진은 사라졌거나 사라지고 있다) 매년 '누가 소주 광고 모델이 되는가'는 초미의 관심사다. 아이유와 제니만 봐도 그렇듯이 소주 광고 모델은 흔히 당대 톱스타로 손꼽히는 이들이 맡기 때문이다. 두 회사만이 아니라 다른 지

역 소주회사들도 대개 여성 연예인을 모델로 내세우고 있다. 한국 소주의 인기가 높은 일본에서도 마찬가지다. 진로재팬의 차미스루チャミスル(참이슬)와 일본 산토리가 수입 판매 중인 교게쓰鏡月* 광고에 사쿠마 유이, 이시하라 사토미 등 인기 여배우가 출연했다. 가끔 남성 연예인들이 소주 광고에 등장하기도 하는데, 그때마다 '이례적'이라면서 화제가 된다. 소주 광고는 당연히 여성 연예인의 영역이라고 여기는 것이다. 그런데 불과 20여 년 전만 해도 소주 광고 모델은 남성 연예인들이 주로 맡았다. 오히려 여성이 모델인 게 '이례적'이었다. 변화의 계기가 된 건 1999년, 이영애의 참이슬 광고였다.

이영애가 소주 광고에 처음 등장한 여성 모델은 아니다. 일제강점기인 1930년, 가네타마루カネタマル 소주 광고에는 거대한 소주병을 품에 안은 여성의 사진이 실렸다. 가네타마루는 경남 마산에서 재한일본인이 운영하던 양조업체 쇼와주류의 소주였다. 당시 광고에 등장한 모델의 정체는 알 수 없지만, 헤어스타일이나 옷차림, 화장 등을 미뤄 볼 때 기생으로 짐작

---

* 한국에서는 그린소주가 출시되면서 사라진 경월소주가 일본에서는 일본식 발음인 교게쓰로 불리며 여전히 판매 중이다. 롯데칠성이 일본 수출용으로 생산하고 있다.

1930년 가네타마루 소주 광고.

된다. 일제가 식민지 여성의 성 상품화를 위해 열심히 제작했던 '기생 엽서' 속 명기들의 모습과 흡사하기 때문이다. 참고로 가네타마루 소주는 1920년대 광고에 한복 차림의 조선 기생 일러스트를 줄곧 사용했었다. 당시엔 소주가 기생집을 연상시키는 술이었던 것이다. 이후 1960년대 진로소주, 1970년대 초반의 삼학소주 광고 등에도 짙은 화장에 한껏 멋을 부린 여성 모델들이 나온 적이 있다.

그 정도를 제외하면 1990년대 후반까지 소주 광고 모델은 거의 남성 연예인의 몫이었다. 1950년대 희극배우 윤부길과 이종철을 시작으로 노주현, 주현, 백일섭, 독고영재, 주병진, 김국진, 유동근, 이성재, 이병헌에 이르기까지, (노주현, 이성재, 이병헌 정도를 제외하면) 대개 친근한 아저씨 이미지의 남성 연예인들이 소주 광고 주인공이 됐다. 그러다 1996년, 진로골드의 광고 모델로 여성 신인 모델 장성림이 발탁된다. 이어 1999년 2월, 김혜수가 그린소주 광고의 주인공이 된다. 여성 톱스타로서는 첫 소주 광고 모델이었다. 그로부터 다시 3개월 뒤, 이영애가 참이슬 광고에 등장하면서부터 소주 모델의 성별 패러다임이 뒤바뀌기 시작했다.

꼭 이영애가 광고했기 때문만은 아니겠지만, 참이슬은 (앞서 살펴봤듯이) 순식간에 한국 소주 시장을 제패했다. 쉽게 찾아볼 수 있는 성공 요인이 광고다 보니 여성 연예인을 소주 광고 모델로 기용하는 것이 곧 하나의 흐름이 된다. 당시 업계 2위였던 그린소주 역시 이성재의 후속 모델로 김혜수를 다시 세워 이영애와 여성 모델 라이벌 구도를 이어갔다. 이에 '참이슬 광고를 따라한다'는 말이 많아지자 두산 측에서는 이영애를 기용한 모 소주에 대응해 김혜수를 등장시킨 것이 절대 아니라는 입장을 밝히기까지 했다.

어쨌든 간에 이영애의 참이슬 광고가 유독 폭발적인 반응을 얻은 데에는 메시지의 차별화가 큰 역할을 했다. 1996년의 진로골드 광고 카피는 '진로를 마시는 남자, 솔직하고 믿음직해 좋아요'였다. 1999년의 그린소주 광고는 마주 보고 앉은 남자(뒤통수만 보인다)를 바라보며 눈웃음 짓는 김혜수의 사진에 '독한 남자 싫어요, 부드러운 남자 좋아요'라는 카피가 삽입됐다. 요컨대 여성 모델이 소주를 광고하기는 해도 여전히 '소주=남자'라는 이미지였다. 주요 소비층이 중장년층 남성인 현실이 광고에 반영된 것이다. 이에 반해 참이슬은 깨끗하고 청순한 느낌을 강조한 이영애의 얼굴 사진과 함께 '반했어요', '하얀 눈처럼 깨끗해요', '정말 좋죠, 깨끗하니까' 같은 카피를 사용했다. (다른 의미에서의 성차별주의가 느껴지기는 하지만) 소주의 주체를 남성이 아닌 여성으로 느끼게끔 했다는 점에서 기존 광고들과 달랐다.

광고학계에서는 소주의 저도화가 광고 모델을 남성에서 여성으로 바꿔놓았다고 분석한다. 순한 소주의 이미지와 원료의 깨끗함, 양조 과정의 정갈함을 강조하기에 여성이 더 부합했

1995년 그린소주는 독고영재를 모델로 세워 '자, 남자들이여 파이팅!'을 외치는 시리즈 광고를 내기도 했다. 진로 역시 1999년 진로골드 광고에 '분명한 남자의 소주'라는 카피를 사용했다.

다는 것이다. 실제로 25도 소주가 대세였던 소주 시장에서, 참 이슬은 23도를 새로운 표준으로 제시하며 여성 모델의 전성 시대를 열었다. 더욱이 기존 여성 모델들이 섹시한 이미지였다면, 이영애의 색깔은 전혀 달랐다. 참이슬 광고가 '깨끗하다'는 카피와 함께 청순한 이미지를 강조한 것도 그런 의도였다고 한다.[18]

여성 모델의 등장에는 여성 인권이 개선되며 음주 문화가 달라진 것 역시 영향을 끼쳤다. 1970년대만 해도 소주를 마시는 여성은 밑바닥 여자로 보는 경향이 있었다. 당시 영화들에 그런 점이 잘 드러난다. 〈별들의 고향〉(1974)이 대표적이다. "오래간만에 같이 누워보는군"이라는 대사로 유명한 작품이다. 남자 주인공 문호가 여자 주인공 경아와 재회하고 하룻밤을 보낼 때 건네는 말인데, 1970년대 감성이 진하게 느껴지는 느끼한 목소리가 인상적이다. 그래서인지 이후 코미디언들이 종종 성대모사를 하면서 유명해졌다. 하지만 시대상을 반영한 〈별들의 고향〉의 진짜 명대사를 꼽자면, "오래간만에…" 뒤에 이어지는 경아의 대사가 아닐까 싶다.

"여자는 참 이상해요. 남자에 의해서 잘잘못이 가려져요."

극중 경아는 명랑하고 순진한 20대 여성이었다. 첫사랑 영석에게 배신당해 고통스러운 낙태를 겪고도 중년 남성 만준의 후처가 되어 과거를 극복하려 한다. 그러나 낙태 사실이 드러나 만준에게도 버림받자, 건달인 동혁의 애인이 되어 술집 호스티스로 생계를 이어간다. 실의에 빠진 경아는 화가인 문호를 만나 사랑에 빠지지만 동혁의 협박에 못 이겨 문호와 헤어진다. 이후 경아의 알코올 중독이 심해지자 동혁 역시 그녀를 버린다. 문호가 다시 찾아와 '오래간만에 같이 누워볼' 때 경아가 꺼내는 말이 바로 위 대사다. 자신의 꿈이나 의지와 무관하게 남자들에 의해서 운명이 뒤바뀌는 경아의 처지가 그 말 한마디에 함축돼 있다.

유언 같은 말을 듣고도 문호는 "지나간 일은 꿈과 같다"며 성인군자 같은 소리만 늘어놓는다. 그러고는 돈 몇 푼을 남긴 채 떠나버린다. 순정을 바친 남자들에게 배신당한 경아는 마지막 희망을 잃고 결국 자살한다. 소주가 등장하는 건 바로 이 대목에서다. 알코올 중독인 그녀는 영화 내내 양주나 맥주를 마시는데, 자살을 앞두고서야 처음으로 소주를 입에 댄다. 혼자 대폿집에 들어가서는 빈털터리 신세에 그나마 만만한 소주를 주문한 뒤, 횟술을 단숨에 들이켠다. 옆자리의 음흉한 사내가 흑심을 품고 따라주는 소주를 넙죽넙죽 받아 마시기까지 한다. 만취한 경아는 〈나는 열아홉 살이에요〉의 한 소절 '난 그런 거 몰라요, 아무것도 몰라요'를 구슬프게 부른다. 경아는 사내에게 이끌려 허름한 여관방에 들어가 무표정한 얼굴로 성관계에 응한다. 이후 사내가 잠들자 지갑에서 돈을 훔쳐 대폿집에 돌아와서는 소주를 또 마신다. 그렇게 인생 막잔을 들이켠 그녀는, 돈이 원수라는 듯 지폐를 잔뜩 구겨 테이블 위에 소주값으로 던져놓고 나온다. 경아는 술에 취해 눈밭을 헤매다 수면제를 눈에 섞어 삼키고 최후를 맞는다.

말하자면 소주는 '갈 데까지 간' 여자가 마시는 술이었다. 그런데 소주를 이런 식으로 담아낸 영화가 또 있다. 〈별들의 고향〉이 개봉한 다음 해에 나온 〈영자의 전성시대〉(1975)다. 극중 영자는 시골에서 상경해 가정부로 일하던 중 주인집 아들에게 성폭행을 당한 뒤 억울하게 쫓겨난다. 이후 직공, 버스차장(안내원) 등 고된 일을 마다않으면서 억척스럽게 살아가지만, 이마저도 여의치 않다. 근무 중 사고를 당해 한쪽 팔과 일자리를 잃고 만 것이다. 비탄에 잠긴 영자가 수면제를 삼켜 자살을 기도할 때 마시는 술이 소주다. 이후 자살 기도가 실패로 끝나자 영자는 먹고살기 위해 매춘부가 되는데, 성매매를 하며 자괴감이 들 때마다 혼자 방 안에 틀어박혀 소주를 병째 들이켜며 알코올 중독자가 된다. 그런가 하면 영화 〈미스 영의 행방〉(1975)에서는 여대생 난향이 소주를 마시며 친구들에게 자신이 가출한 뒤 술집 여자가 됐음을 털어놓는다. 거나하게 취한 그녀는 친구들의 편견 가득한 시선에 이렇게 말한다.

"타락했다고 생각해도 좋아. 타락은 위선보다 나을 수도 있으니까."

당시 한국 사회는 여성을 남성에게 종속된 존재로 여겼다. 유교 국가 조선이 남긴 남존여비 사상에 군부 독재가 빚어낸 마초이즘까지 버무려진 탓이다. 한국전쟁과 재건, 산업화 과정에서 남성의 육체노동이 중시됐던 것도 남성 중심적인 사회가 형성된 주요 원인이었다. 이러한 분위기 속에서 여성은 능력이 있어도 공정한 기회를 얻기 어려웠다. 사회 진출이라고 해봤자 공장 노동자(같은 공장 노동자라 해도 여성은 남성에 비해 더 낮은 지위에서 더 적은 임금을 받았다)가 되는 게 대부분이었다. 사무직 노동자도 다를 건 없어서 여성들은 커피 심부름을 도맡거나 성희롱에 시달렸다. 어렵사리 경쟁을 뚫고 전문직을 갖게 된 여성도 있긴 했지만, 유리천장에 좌절하기 일쑤였다. 이런 성차별적인 사회에 저항하기는 쉽지 않았고, 대다수는 남성이 좌우하는 세상의 틀 안에 갇혀 지냈다. 경아도 그랬다. "여자는 참 이상해요. 남자에 의해서 잘잘못이 가려져요"라는 그녀의 항변은 사실 "세상은 참 이상해요. 남자에 의해서 여자의 잘잘못을 가려요"로 해석해야 맞을 것이다. 수많은 부조리 속에서 상당수 여성들이 먹고살기 위한 방책으로 결혼을 선택했다. 그마저도 여의치 않으면 몸을 팔았다. 21세기에도 5만 원권 화폐에 현모양처의 상징인 신사임당을 그려넣는 한국 사회에서, 경아나 영자나 난향과 같은 '직업여성'은 가장 타락한 존재였다. 그 시절의 한국 영화는 소주를 타락한 여자, 막 사는 여자들의 술로 그렸다. 그게 통념이었다.

반면 남성이 마시는 소주에 대한 표현은 달랐다. 남성 선후배가 포장마차에서 진지하게 대화하는 장면, 남성 노동자들의 활기찬 회식 장면 등에는 어김없이 소주가 등장했다. 영화뿐 아니라 드라마, 광고 등 대중매체와 문학을 가릴 것 없이 남자들이 마시는 소주는 남성성과 결부되며 긍정적인 이미지가 부각됐다. 그러니까 소주는 남성적인 술인 동시에 성차별적인 술이었다. '술부심'(음주량에 대한 자부심)의 주량 기준은 지금이나 그때나 소주였는데, 주량이 세서 소주를 많이 마셔야 호탕한 남자라는 인식은 과거에 훨씬 강했다. 반대로 소주를 못 마시는 남자는 수치심과 죄책감을 느끼는 게 당연시됐다. 소주가 남성성의 과시 수단으로 활용된 건 소주 소비를 부추기는 커다란 요인 중 하나였다. 고도 경제성장기에 군대식 회식 문화가 확산되면서 소주의 마초이즘은 더욱 짙어진다.

미디어가 부추긴 소주 마초이즘의 끝판 왕을 꼽자면 1976년 백화소주 광고가 아닐까 싶다. 당시 터프가이의 대명사 주현이 모델로 등장한 이 광고의 카피는 '호쾌한 남아의 소주, 백화소주'였다.

하지만 여성의 교육과 사회 진출이 활발해지자 이런 인식에도 자연스레 변화가 생겼다. 학교에서든 직장에서든 술자리에서 남녀가 어울리는 일이 빈번해졌다. 특히 1990년대 중반 이후 소주방과 칵테일 소주의 유행은 더 많은 여성들을 소주의 세계로 불러들였다. 회식 자리에서 소주를 단숨에 털어넣는 여성 직장인의 모습은 더 이상 어색하지 않았다. 대중문화도 이러한 변화에 한몫했다. 1990년대 톱스타였던 최진실, 김희선 등은 평소 소주를 즐긴다고 거리낌 없이 말했다. 드라마나 영화에서는 멋진 커리어 우먼이 속상한 일이 생기면 쿨하게 소주 한 잔을 들이켜곤 했다.

그러면서 여성의 술 선호도에 변화가 나타났다. 즐겨 마시는 술을 물었을 때 1994년(동서조사연구소)에는 성인 여성의 87%가 맥주를 꼽았다. 소주는 고작 8%. 20여 년 동안 이 격차는 서서히 좁아지다가 2015년(한국갤럽)에는 같은 점을 찍는다. 소주, 맥주 둘 다 41%로 동일하게 나타난 것이다.

이처럼 소주 소비층이 남성에서 여성으로 확대된 것은 소주회사들 입장에선 환영할 일이었다. 저출산과 웰빙 바람으로 소주 시장이 예전만큼의 성장세를 보이지 못했기 때문이다. 키덜트를 띄워 어른들을 끌어들인 장난감 업계나 유니섹스로 남성들을 포섭한 패션 및 화장품 업계처럼, 소주회사들도 여성 애주가를 사로잡을 마케팅 전략이 필요했다. 그런데 여성 모델이 등장한 소주 광고 중 섹시 콘셉트는 남성 선호도가, 청순하거나 귀여운 이미지는 여성에게 선호도가 훨씬 높았다.[19] '산소 같은 여자' 이영애의 소주 광고도 남성보다 여성 소비자에게 더 효과적이었다. 이러한 트렌드 변화에 따라 장나라, 성유리, 아이유 등 귀엽고 청순한 이미지의 톱스타들이 소주 광고 모델의 계보를 이어갔다. 연령대도 확 낮아졌다. 여성 모델이 소주 광고에 처음 등장했을 때 이영애와 김혜수는 각각 28세, 29세였는데, 아이유와 수지에 이르러서는 각각 21세, 22세까지 내려갔다.*

* 아이유가 참이슬 모델이 된 뒤 국회 보건복지위는 2015년 만 24세 이하의 유명인이 술 광고를 하지 못하도록 하는 국민건강증진법 개정안을 통과시켰다. 청소년과 갓 성년이 지난 젊은 세대의 음주를 부추긴다는 이유에서였다. 당시 이 법에 저촉되는 모델이 아이유였다. 하지만 법사위에서 직업

한편, 이영애 말고도 광고계에 한 획을 그은 여성 모델이 있다. 바로 이효리다. 이효리는 2007년부터 2012년까지 무려 5년 동안 처음처럼 광고를 맡았다. 연속 계약으로는 소주 업계를 통틀어 역대 최장수 기록이다. 참이슬이 점령한 소주 시장에서 처음처럼은 이효리 효과로 시장점유율을 15%까지 끌어올렸다. '흔들어라!'라는 카피까지 각인시킬 정도였으니, 말 다 했다. 또 한 사람, 아이유는 2014년부터 2018년까지 4년간 참이슬 모델이었다가 레드벨벳 아이린에게 잠시 자리를 물려줬으나, 2020년 재발탁됐다. 아이유가 광고 중이던 2017년, 참이슬은 소주 브랜드 최초로 연 매출 1조 원을 달성했다.

선택의 자유를 침해한다며 거부해 개정안은 무산됐고, 아이유는 계속 참이슬 광고에 등장할 수 있었다.

자, 한 잔 들게나

문학의 시대에 시인들은 소주 한 잔의 낭만을 시에 담아 노래했다. 시구의 소주에서는 애틋한 사랑과 이별, 고달픈 인생살이, 쌓이고 눌린 가슴속 응어리가 짙게 묻어난다. 글보다 영상물에 열광하는 대중문화의 시대가 열리면서 그 정서의 향유는 가요로도 옮겨 갔다. 소주를 주제로 한 노래라면 빼놓을 수 없는 명곡이 있다. 임창정의 〈소주 한 잔〉이다.

> 술이 한 잔 생각나는 밤, 같이 있는 것 같아요. 그 좋았던 시절들, 이젠 모두 한숨만 되네요. 떠나는 그대 얼굴이 혹시 울지나 않을까. 나 먼저 돌아섰죠. 그때부터 그리워요. 사람이 변하는 걸요. 다시 전보다 그댈 원해요. 이렇게 취할 때면 꺼져버린 전화를 붙잡

고 여보세요, 나야, 거기 잘 지내니. 여보세요, 왜 말 안하니. 울고 있니, 내가 오랜만이라서, 사랑하는 사람이라서. 그대 소중한 마음 밀쳐낸 이기적인 그때의 나에게 그대를 다시 불러오라고 미친 듯이 외쳤어.

울적한 밤, 남자는 헤어진 연인이 자꾸 떠오른다. 괴로운 마음에 소주를 마신다. 억눌러온 그리움과 후회의 넋두리를, 취기에 전화기를 붙잡고 쏟아낸다. 그런데 가사를 곱씹어 노랫말 속 상황을 찬찬히 떠올려보면 그리 아름다운 모습은 아니다. 상대방은 이미 마음을 정리해 전화번호까지 바꿨다. 매몰차다. 그런데도 '나'는 대답조차 없는 '그대'에게 미련을 못 버리고 집착한다. 궁상맞다. 스토커 같기도 하다. 지금 들어도 멜로디며 임창정의 음색이며 좋은 노래이기는 하지만 시대가 달라져서인지 가사가 전처럼 애달프게 들리지만은 않는다. 그래도 임창정이 자신의 경험을 토대로 직접 작사한 곡이라는데, 진심 어린 노래여서인지 수많은 사람들의 마음을 흔들고 울렸다. 특히 남자들이 공감을 많이 한다고. 2003년 발표된 노래가 2021년에도 여전히 노래방 차트 10위권을 맴돌고 있다.

왜일까. 그렇게 오랜 시간이 흘렀는데도, 왜 사람들은 임창정의 〈소주 한 잔〉을 다른 유행가처럼 떠나보내지 못할까. 소주 한잔하고 노래방에 가면 왜 〈소주 한 잔〉을 불러줘야 후련해지는 걸까. 보통 실력으로는 부르기도 힘든, 거의 고래고래 소리 지르다시피 불러야 하는 고음의 노래를 말이다. 아마 누구나 살면서 한번쯤 〈소주 한 잔〉과 비슷한 일을 겪었기 때문이 아닐까. 세월이 가고 나이 들어 더 이상 누군가를 그토록 애절하게 그리워하지 않더라도, 술을 마시고 취기가 오르면 그땐 어떻게 그럴 수 있었을까 싶을 만큼 절박하게 사랑하고 그리워했던 지난날을 돌아보게 되기 때문은 아닐까.

임창정이 부른 노래 말고도 또 하나의 유명한 〈소주 한 잔〉이 있다. 2019년 개봉한 영화 〈기생충〉의 엔딩 크레디트 OST로, 극중 기우 역을 맡은 최우식이 불렀다.

길은 희뿌연 안개 속에, 힘껏 마시는 미세먼지. 눈은 오지 않고 비도 오지 않네, 바싹 메마른 내 발바닥. 매일 하얗게 불태우네, 없는 근육이 다 타도록. 쓸고 밀고 닦고 다시 움켜쥐네, 이젠 딱딱한 내 손바닥. 차가운 소주가 술잔에 넘치면 손톱 밑에 낀 때가 촉촉해. 마른하늘에 비구름 조금씩 밀려와. 쓰디쓴 이 소주가 술잔에 넘치면 손톱 밑에 낀 때가 촉촉해. 빨간 내 오른

쪽 뺨에 이제야 비가 오네.

　가사에서는 기우가 신세를 한탄하며 마시는 소주 한 잔의 애상이 풍겨 나온다. 이 노래는 봉준호 감독이 가사를 붙였는데, 그는 젊은이들이 녹록지 않은 현실에서 느끼는 슬픔, 두려움 등 복합적인 마음을 담으려 했다고 밝혔다. 금수저를 물고 태어나지 못하면 아무리 발버둥쳐봤자 냄새나는 반지하 같은 인생에서 벗어나기 힘든 세상이다. 바늘구멍을 통과하는 것만 같은 취업난에, 설혹 취업을 해도 과로에, 온갖 갑질에, 성희롱에 시달리는 것, 그렇게 평생을 땀 흘려도 집 한 채 마련하기 어려운 것이 현실이다. 그런데도 삶은 주어져 있다. 앞이 보이지 않아도 살아내야 한다. 불현듯 박노해의 시 〈노동의 새벽〉이 떠오른다. 전쟁 같은 밤일을 마치고 난 새벽 쓰린 속에 '차거운' 소주를 붓던 1984년과, 고된 밤샘 알바가 끝난 뒤 컵라면 한 젓가락에 '차가운' 소주 한 잔 삼키는 2021년은 크게 다르지 않아 보인다. 그동안 많은 일이 있었고 많은 날이 흘렀지만 타임 슬립이라도 한 듯 두 시대는 닮아 있다. 처절했던 1980년대의 소주 한 잔에 비하면 2020년대의 소주 한 잔이 좀 더 담백하지 않은가 싶으면서도, 어쩐지 뒷맛은 더 쓰다. 그 시절엔 '노동자의 햇새벽'을 고대하는 꿈이라도 있었는데 지금은 그마저도 보이지 않아서일까.

*

이 장 뒤에 붙어 있는 '부록'을 작성하기 위해 여러 사람에게 소주에 대한 생각을 물었다(내가 맡은 것도, 편집자가 맡은 것도 있다). 사람들이 서로 다른 만큼이나 답변도 가지각색이었지만, 몇 가지 공통적인 지점이 있었다. 쓴맛, 단맛 등 맛에 대한 언급이 많았고, 친구, 편하게 마실 수 있는 술, 취하기 위해 마시는 술이라는 언급도 눈에 띄었다. 앞서 길다면 길게, 짧다면 짧게 소주가 살아온 삶을 설명했는데 이런 삶을 알든 모르든 사람들은 소주에 대해 대체로 비슷한 인상을 갖고 있는 듯했다.

절대 소비량에서는 맥주에 뒤지는 술, 역사와 전통이라는 면에서는 막걸리에 비해 짧은 술인 소주가 어째서, 또 어떻게 '술'의 대명사가 됐는가 하는 의문으로부터 이야기를 시작했다. 지금까지 설명했듯 희석식 소주는 한국 근현대사 속에서 경제적 현실과 정치적 목적에 의해 대중의 술로 자리 잡았다. 여러 규제 속에서 원하는 술을 원할 때, 원하는 장소에서, 원하는 만큼 마시는 것은 요원한 일이었다. 복잡한 이해관계 속에서 반강제적으로 마시는 일도 있었다. 하지만 먹고사는 문제가 어느 정도 해결되고 독재 시대가 끝나 달라진 세상에서도 희석식 소주는 당당하게 살아남았다. 희석식 소주의 연 출고량은 90만~100만 킬로리터를 꾸준히 유지하고 있다. 맛과 향이 근사한 술이 아닌데도, 수입 맥주며 와인이며 다양한 외국 술이 그리 비싸지 않은 가격에 팔리고 있는데도 그렇다. 많은 사람들은 술 하면 여전히 소주부터 떠올린다. 인지적 판단이 아니라 정서적 직관이다.

부유층이 아니고서야 값비싼 양주는 가까이하기에는 너무 멀다. 치킨을 시키면 저절로 생각나는 맥주는 가볍다. 술 생각이 간절할 때 마시는 술은, 돈 생각이 들지 않으면서 목 넘김이 까칠해야 한다. 식도와 위가 뜨끔해야 잠시나마 인생살이의 쓴맛을 잊을 수 있다. 술자리에서 흉금을 터놓으려면 한두 잔에도(물론 이건 내 기준이다) 알딸딸해지는 맛이 있어야 한다. 인간관계를 맺으려면 '서울 깍쟁이'처럼 구는 게 아니라 취기를 빌어서라도 떠들썩하게 어울리며 어색함을 털어내는 것이 중요한 한국 사회에서는, 자의로든 타의로든 소주를 자주 마주치게 된다. 신입생이나 사회 초년생처럼 이제 막 사회생활을 시작한 이라면 더더욱 그렇다. 계기가 뭐가 됐든 그렇게 소주를 마시다 보면 소주에 대한 기억(추억이 될 수도 있고 흑역사가 될 수도 있는)이 쌓이게 마련이다. 임창정의 〈소주 한 잔〉처럼 헤어진 연인을 그리워하며 소주를 마시다 파출소에서 깨어났을 수도 있고, 최우식의 〈소주 한 잔〉처럼 고된 일과를 마치고 소주를 삼키다 잠깐 울었을 수도 있다. 편의점 앞에 펼쳐진 플라스틱 테이블에서 새우깡을 안주 삼아 마셨을 수도 있고, 횟집에서 회와 매운탕을 앞에 놓고 마셨을 수도 있다. 24시간 영업하는 설렁탕 집에서 아침부터 반주를 했을 수도 있고, 하필 점심 메뉴로 고른 것이 너무나도 소주 안주여서 딱 한 잔만 마셨을 수도 있고, 소맥을 말아 마시다 배가 불러서 어느 순간부터 소주만 마셨을 수도 있다. 거의 모든 한국인에게는 이런 기억들이 있을 것이다. 기쁠 때나 화날 때, 슬플 때나 즐거울 때 소주와 함께한 기억이.

이쯤 되면 책을 펼쳐놓고 냉장고를 열어 소주병을 꺼내는 사람이 있을지도 모르겠다. 긴 시간 소주로 글을 써서인지 소주를 딱히 좋아하지도 않는 나도 오늘만큼은 (물론 딱 한 잔만) 마시고 싶다. 오늘 밤엔 오랜만에 소주를 사다가 탈고의 축배라도 들어야겠다. 생각해보니 소주를 마시며 읽기에는 술맛

떨어지는 이야기만 늘어놓은 것 같기도 하지만, 나는 알고 있다. 책을 읽으면서 소주를 마실 수 있는 사람들이라면 어떤 이야기에도 술맛이 떨어지지 않으리라는 것을(혹은 이미 취해서 책을 읽고 있지 않으리라는 것을). 마지막으로 소주에 곁들이기 좋은 시 한 편을 붙인다. 이미 소주를 마시고 있는 이들에게, 책을 덮은 뒤에 소주를 마실 이들에게, 소주를 사랑하는 모든 이들에게 시의 한 구절을 빌려 인사를 건넨다. 자, 한잔 들게나.

소주 한잔 했다고 하는 얘기가 아닐세
백창우

울지 말게

다들 그렇게 살아가고 있어

날마다 어둠 아래 누워 뒤척이다, 아침이 오면

개똥 같은 희망 하나 가슴에 품고

다시 문을 나서지

바람이 차다고, 고단한 잠에서 아직 깨지 않았다고

집으로 되돌아오는 사람이 있을까

산다는 건, 만만치 않은 거라네

아차 하는 사이에 몸도 마음도 망가지기 십상이지

화투판 끗발처럼, 어쩌다 좋은 날도 있긴 하겠지만

그거야 그때 뿐이지

어느 날 큰 비가 올지, 그 비에

뭐가 무너지고 뭐가 떠내려갈지 누가 알겠나

그래도 세상은 꿈꾸는 이들의 것이지

개똥 같은 희망이라도 하나 품고 사는 건 행복한 거야

아무것도 기다리지 않고 사는 삶은 얼마나 불쌍한가

자, 한잔 들게나

되는 게 없다고, 이놈의 세상

되는 게 좆도 없다고

술에 코 박고 우는 친구야

당신에게 소주란?

소주. 가격은 낮고
도수는 높고 영혼은
충만하다

복사골불주먹,
20대 여성

지긋지긋해.
남편이 지금도 하루에
한 병씩 꼭 마셔

은이엄마, 70대 여성

소주를 마시기 위해
안주를 먹는 건지,
안주를 먹기 위해
소주를 마시는 건지

건이파파,
40대 남성

소주를 맛으로 먹나
취하려고 마시지.
취하고 싶을 때 가성비는 좋은데
솔직히 맛있는지는 모르겠다

삼성동노동자,
30대 여성

쏘맥에서
왜 '쏘'가 먼저 나오겠어?
이런 게 다 이유가
있단 말이야

오늘만사는사람,
30대 여성

쓴맛. 단맛.
너는 인생

양챔프,
50대 남성

벌주

고구마,
30대 여성

빠르게 취할 수 있는
효율성은 물론,
혼자든 여럿이든 청승 떠는
분위기를 만들 수 있는
술자리 맥가이버

마곡동주민,
20대 남성

소주는 술이 아니라
그냥 화학물질이지

홍쉘,
40대 남성

냄새만 맡아도
토 나와

탱,
40대 여성

소주병은
내 옆에 두고 남의
잔도 내 잔도 내가 채우는
것을 좋아한다

두루미,
30대 여성

첫맛은 써도 먹을수록
달달한 술. 그런데 마흔 되고
나니까 가끔 첫맛도 달다

다버,
40대 여성

소주로
2행시를 지어볼게.
소! 소기의 목적을 달성한 저에게
주! 주세요~ 소주 한 잔~

김윤원,
40대 남성

맥주를 위해
소주는 거들 뿐.
난 소맥만 마시니까

대치동엄마,
30대 여성

편한 친구에게만
할 수 있는 말,
소주 한잔하자

moon,
30대 여성

사람들과 나를
연결시키는 도구.
혼술로는 싫지만
떼술로는 최고지

Soon,
40대 남성

가장 편하고 손쉽게 술
마신 느낌을 주는 술.
맥주, 와인, 막걸리, 보드카,
그 어떤 것도 소주를 저히
따라갈 수 없다

양박사,
50대 남성

이상하게 소주가
달짝지근한 날이 있는데,
그날은 조심해야 한다

복숭아,
30대 여성

어릴 때 약 먹던
기억이 떠오르는 술

장단장,
40대 남성

모든 걸 잊어버리고
또 잃어버릴 수 있게
만드는 술

성수토박이,
30대 남성

소주파였는데
이제 안 먹혀

비대면대학생,
20대 여성

내 나이 서른셋
아직도 소주가 달다는 말이
무슨 뜻인지 모르겠다

마라공주,
30대 여성

소주는 재밌는 술이지.
병뚜껑에 담아서 불붙여서도 마시고,
별 장난 다 치면서 마시니까.
비싼 양주에 그런 짓 할 수 있나?
만만하니까 이래저래 재밌게
마실 수 있는 술이 소주지

김현우,
40대 남성

마실 때마다
대학 신입생 시절로
돌아가는 것 같은 기분

덕구언니,
30대 여성

소주 맛있게 먹고
만취한 날에 늘 병뚜껑에
손가락이 베인다

정미의병,
30대 여성

허리띠 풀고
편한 몸으로 친구들과
그냥 아무 잡념 없이 마시면
기분 좋아지는 게 바로 소주

후,
30대 남성

쓴맛이 단맛이 되는
한시적 해결사

하워드,
50대 남성

애인 같고
친구 같은 존재

익명,
70대 남성

벗이 생각난다.
마시면서 속마음도 털어놓고
서로의 마음을 주고받는
좋은 벗

늘봄,
70대 여성

한겨울 포장마차가
생각나네. 인적 드문
바닷가 횟집에서 혼자
소주 한잔하고 싶다

대전에서,
60대 여성

마실 땐 좋지만
마시고 나면 후회하는 술.
살찌니까...

박가이버,
30대 남성

친구

용,
60대 남성

야, 나 술 끊었어

망할,
30대 여성

주

1 〈막걸리병 종이팩으로 바꿀 채비 국세청, 뜨악하게 여겨〉,《조선일보》, 1987. 5. 22.

2 Dan Jurafsky,《The Language of Food: A Linguist Reads the Menu》, W. W. Norton & Company, 2015.

3 정수일,《한국 속의 세계 하》, 창비, 2005.

4 정태헌, 〈일제하 주세제도의 시행 및 주조업의 집적 집중 과정에 대한 연구〉,《국사관논총》 제40집, 국사편찬위원회, 1992.

5 조선총독부 관보 제0488호.

6 糖蜜燒酎は産業合理化, 齋藤久太郎氏談,《朝鮮新聞》, 1930. 6. 15.

7 이승렬, 〈1930년대 전반기 일본군부의 대륙침략관과 '조선공업화' 정책〉,《국사관논총》 제67집, 국사편찬위원회, 1996.

8 〈북한술 실향민에게 큰 인기〉,《매일경제》, 1989. 3. 22.

9 〈북한 상품전 성황〉,《조선일보》, 1989. 5. 11.

10 〈「해방」해야 할 곳은 북이다〉,《경향신문》, 1984. 10. 19.

11 전상국,《물은 스스로 길을 낸다》, 이룸, 2005.

12 김영한,《내 사랑 백석》, 문학동네, 2019.

13 〈「폭력」 휘두르는 「아가씨 손길」 소녀 깡패 백바지 클럽〉,《조선일보》, 1970. 1. 31.

14 〈요즘의 청소년 이대로 좋은가 〈4〉 「어른세계」 흉내〉,《경향신문》, 1975. 5. 10.

15 〈사이비접대부「들병장수」들〉,《조선일보》, 1963.6.9.

16 신재근,《배고플 때 읽으면 위험한 집밥의 역사》, 책들의정원, 2019.

17 〈두산경월 지방진출 법정싸움-지방소주3社, 장부열람 소송제기〉,《중앙일보》, 1996.11.19.

18 이윤희 외 1명,〈소주광고 포스터 이미지에 따른 소비자의 태도〉,《한국디자인포럼》, 한국디자인트렌드학회, 2012.

19 이윤희 외 1명, 앞의 논문.